JN153656

MUSEUM LIBRARY ARCHIVE

ミュージアムの中のライブラリでアーカイブについても考えた

体験的MLA連携論のための点綴録

水谷 長志　Takeshi MIZUTANI

樹村房

目次

第２部　アート・ドキュメンテーションと MLA 連携

第3部　アート・アーカイブ

＊archives の日本語表記は原則「アーカイブ」を採るが，初出のあるものについては，その表記を踏襲した。

序

ミュージアムの中のライブラリで アーカイブについても考えた

来るべき「博物館情報・メディア論」への助走として

1．濫觴*と普請中 ― MLA 連携の起源

やはり，ミュージアム，ライブラリ，アーカイブの連携，MLA 連携は，近代の宿命たる専門分化の超克としての綜合の喪失の回復であると考える。

2023（令和５）年の酷暑の夏，本書の原稿を用意する中で，同年春に刊行の長尾宗典著『帝国図書館 ― 近代日本の「知」の物語』（中公新書・2749）の書評[1]を書いていた。

> JR 御茶ノ水駅の聖橋口に立つと決まって思い出す二つの語がある。「濫觴」と「普請中」である。昔，この駅に父と降り立ったのはたぶん小学校の四年生のときだった。それからもう半世紀以上，この駅に馴染んできた。お茶の水橋口の駅舎はウィーン分離派のモダニズム建築のいまに残る稀少な実例だが，茗渓通りに面して雑居する飲食店の並びも，いまは神田川に迫り出して拡張しようとする光景にも，いつも普請中を感じてしまう。変わらないのは珈琲穂高くらいだ。
>
> 聖橋口の聖は，橋を渡ってすぐにある樹影深い湯島聖堂に因むことは誰もが知っているが，ここの中の大成殿が1872（明治５）年以来，日本近代におけるほとんどすべての官制文化文教施設の源，濫觴の地であったことはあまり顧みられてはいないのかもしれない。1897（明治30）年に設立された帝国図書館もまたその淵源を，ここ湯島聖堂大成殿における文部省博物局博覧会に遡ることができる。

ここに『帝国図書館』の書評の冒頭の二段落を引用したのは，日本のMLAの濫觴が，1872年の湯島聖堂大成殿にあり，一曜斎国輝の錦絵《古今珍物集覧》は分化していく前の混沌の中にある綜合が示されていたことを確認するためであるし，「普請中」は森鷗外の掌編のタイトルでもあるのだが，後に鷗外は，帝室博物館総長兼図書頭となり，いま東京国立博物館平成館へのアプローチに顕彰のパネルが建てられている。

《古今珍物集覧》に描かれた模様は，大英博物館の誕生の現場に酷似しているだろう。

近代がこれを分化解体した先に，21世紀のわたしたちはMLAを貫く知の綜合を，館の壁を越えてすべてを把握したいというボルヘスの夢を共有し，志向している。

ヨーロピアーナ(Europeana[2])もDPLA(Digital Public Library of America[3])もジャパンサーチ[4]も，願うところは，この綜合の回復なのではないだろうか。

拡張するこの意思の顕現においては，すでに部分であるとも言えようが，その起源において提出を試みたのがMLA連携であったことを「体験的MLA連携論のための点綴**録」として記録したのが本書である。

2．「博情館」事始め

> ここは〔国立民族学〕博物館とはいいますが，ひろくものをあつめているのではなく，ひろく情報を集めている。だから博情報館 — 博情館だとわたしはいっている（笑）。ここは情報のかたまりなのです[5]。

梅棹忠夫が1985（昭和60）年11月19日，雑誌『コンピュートピア』の編集長に語った言葉である。後に『情報の文明学』（中公叢書，1988）に再録されて，「博物館から博情館」への小見出しも付けられていた。ここにある「（笑）」について，実はこの「博情館」の造語は，同館の建築設計者である黒川紀章によるもので，1977（昭和52）年11月の『月刊みんぱく』に載った「回遊式博物館の原理」と題した対談において，「わたしはこの民族学博物館は博物館というよりも「博情館」だとおもうんです」と記録されている。後日刊行の，梅棹の編になる『民博誕生　館長対談』（中公新書，1988）にも収録されている。

梅棹は黒川によるこの造語をいたく気に入って，以来，さかんに多用しているし[6]，「創設以来11年目をむかえた国立民族学博物館のことを「知的生産の巨大技術」とわたしはいっているんです。全面的に情報化をすすめました」とも述べている[7]。

今日のミュージアムの所蔵品のデータベースやデジタルアーカイブの構築・公開は，黒川・梅棹が先陣を切って提唱した「博情館」の延長の上にあるし，梅棹館長の民博のメタデータ・データベースは，『知的生産の技術』のカードの思想に根ざしていることだろう。

『情報の文明学』が出版された1988（昭和63）年は，独立行政法人化以前の，文化庁施設等機関であった国立博物館，国立美術館および国立文化財研究所が合同で，ミュージアムの情報化をめぐって，はじめて科研費を得ていた頃であった。

1986–87（科研［特定研究１］）：「国立の博物館・美術館資料に関する情報処理ネットワークシステムの整備に関する調査研究」

1988–90（科研（総合研究 A）：「博物館・美術館資料に関する情報交換のためのプロトコルの研究」

この流れにあって，筆者には，梅棹の民博に登場した最新鋭のビデオテークが，『情報の文明学』を実体化したような，未来図の先取りのように輝いても見えたものだった。

文化庁傘下の機関においても，時勢を追いかけるように，1989（平成元）年の４月に「全国文化財情報システム調査研究会」を発足させて，東京国立博物館の先導により企画構想された「文化財情報システム」ならびに「共通索引」が後々の「文化遺産オンライン[8]」へと繋がるわけなのだが，実際に各館，各所でサーバーが立ち上がり，インターネットにまがりなりにも各々独自のドメイン名のホームページが開かれたのは，日本におけるインターネット元年と言われる1995（平成７）年のことであった。

梅棹・黒川の対談から間もなく半世紀が経つほどに時間は流れたが，2022

(令和４) 年の博物館法の改正によっても，ミュージアムの「博情館」への道がまた一歩進んだ。

博物館法の一部を改正する法律の公布について (通知) 令和４年４月15日[9]
第１　法律の概要　３　博物館の事業
（１）博物館が行う事業に，①博物館資料に係る電磁的記録を作成（デジタル・アーカイブ化）し，公開すること，②学芸員その他の博物館の事業に従事する人材の養成・研修を行うことを追加すること（第３条第１項第３号及び第11号関係）

第２　留意事項　３
第３条第１項第３号に定める博物館の事業としての「博物館資料に係る電磁的記録を作成し，公開すること」については，デジタル技術を活用した博物館資料のデジタル・アーカイブ化とその管理及びインターネットを通じたデジタル・アーカイブの公開，インターネットを通じた情報提供と教育や広報，交流活動の実施や展示・鑑賞体験の提供のために資料をデジタル化する取組を含むこと。

３．学芸員養成課程の「博物館情報・メディア論」と本書

「博物館が行う事業」として，「①博物館資料に係る電磁的記録を作成（デジタル・アーカイブ化)し，公開すること」を担う人材の育成・確保については，2022 (令和４) 年に先立って，2012 (平成24) 年度から学芸員養成課程において「博物館情報・メディア論（２単位)」が設けられて，旧来の「博物館情報論（１単位)」と「視聴覚教育メディア論（１単位)」の内容は，「博物館展示論」や「博物館教育論」とともにその内容が含まれることになり，細目も以下のように掲げられた[10]。

博物館情報・メディア論［2単位］

ねらい：

博物館における情報の意義と活用方法及び情報発信の課題等について理解し，博物館の情報の提供と活用等に関する基礎的能力を養う。

内容：

○博物館における情報・メディアの意義

・情報の意義（視聴覚メディアの理論と歴史を含む）

・メディアとしての博物館（視聴覚メディアの発展と博物館）

・ICT 社会の中の博物館（情報資源の双方向活用と役割，情報倫理，学校・図書館・研究機関の情報化等）

・情報教育の意義と重要性

○博物館情報・メディアの理論

・博物館活動の情報化（沿革，調査研究活動，展示・教育活動等）

・資料のドキュメンテーションとデータベース化

・デジタルアーカイブの現状と課題

・映像理論，博物館メディアの役割と学習活用

○博物館における情報発信

・情報管理と情報公開

・情報機器の活用（情報端末，新たなメディア経験等）

・インターネットの活用

○博物館と知的財産

・知的財産権（著作権等）

・個人情報（肖像権等）

・権利処理の方法

以上の内容を「博物館情報・メディア論」が講義範囲とすることが示されたわけだが，この科目のテキストの一冊においては，「博物館・情報メディア論」の科目誕生には「必然性があ」り，「それまでの「博物館情報論」と「視聴覚教育メディア論」を合体させた折衷の産物であるかもしれない。しかしその背景には，博物館に携わる人々の思いの変化があった。いうまでもなくそれは，

市民への情報発信という思いである」と「まえがき」されている[11]。

あるいは，本科目について，「博物館情報・メディア論は従来の「博物館情報論」と「視聴覚教育メディア論」を単純に統合した科目であると考えがちであるが，実際にそこにあるのは統合というよりも再構築に近い[12]」という講義担当者からの見方もある（下線，筆者）。

「博物館情報論」と「視聴覚教育メディア論」の「折衷」「統合」「再構築」としての「博物館情報・メディア論」は科目設置からすでに10年の時間を超えて，300に近い全国の大学・短期大学等にある学芸員養成課程の必須科目として論じられている[13]。

同時に博物館の「情報・メディア化」は，2019（平成31）年以来の新型コロナウイルス感染症の拡大という災厄の中でのミュージアムの存在の開示と発信の継続と拡大にとって，本科目についてあらためて，その重要性の再認識を深化させたとも言える[14]。

また，コロナ禍のただ中での国立国会図書館によるジャパンサーチの正式公開の射程が，文化財等わが国の歴史的知的文化資源にあって，遍く範囲に及ぶものであることを示し，とりわけミュージアム（M）・ライブラリ（L）・アーカイブ（A）というMLAの領域とその連携に関わる状況を大きく進展させた10年であったとも考えられる。

4．ミュージアムにおける専門職能の職域の拡張

現在ももちろんなのだが，ミュージアムを牽引する動力の両輪は，2つのC，コレクション（Collection：収蔵品）とキュレーション（Curation：企画）のCである。

東京国立近代美術館の本館の学芸系は独法化以前においては，企画・資料課と美術課の二課であった。前者はキュレーションの企画・渉外係，ライブラリの資料係，と教育・普及係の三係制で，後者はコレクションを美術作品の種別にしたがって係分けされていた。

第1部の「第2章　東京国立近代美術館本館の情報資料活動」において，2012（平成24）年，東京国立近代美術館が60周年を迎えるまでのライブラリの概要

を書いたが，その10年前，2002（平成14）年のアートライブラリの開室まで企画・資料課資料係にはライブラリは無かった。かつ所蔵の作品と資料が接点を，少なくとも常設展など作品展示のキュレーションの空間に作品と並置して，資料が並ぶことは基本無かった。これはニューヨーク近代美術館以来のホワイト・キューブ（White Cube）の理念の浸透のように当時は思われたのだが，展示場にある美術作品を補完的に説明するかの「資料展示」は，大概，忌み嫌われていたとまでは言わないが，避けられていたのは事実である。

その状況に少し変化をもたらしたのが，岸田劉生アーカイブの展示「岸田劉生　作品と資料（*Works and Archives*）」展（1996）だ。それらの経緯は，退職後，「MLA 連携は美術館の展示空間を少し変えたような，竹橋の近代美術館での私のキャリアから」と題する一文を『情報知識学会誌』に寄稿して記録した[15]。

「作品（M）」と「資料（L と A）」が混然一体となった会場作りで成功した展覧会，例えば2016（平成28）年の『みづゑ』『現代の洋画』『ヒユウザン』『生活』『エゴ』『多都美』等々の美術雑誌に関わり，あるいは創刊した北山清太郎と大正期新興美術の動向を活写した「動き出す！絵画　ペール北山［清太郎］の夢 — モネ，ゴッホ，ピカソと大正の若き洋画家たち」展（和歌山県立近代美術館）などが強く記憶に残るものであるし，同種の趣向を醸し出す展覧会に遭遇する機会は確実に増している。

今日，美術館において作品（M）とライブラリ（L）やアーカイブ（A）の資料が，MLA の三者または作品との LA の二者いずれかとの関係を観覧者へ開示する工夫が，節度ある範囲をもって浸透するまでには，実は意外と長い時間を要していたのである。

これなどはミュージアムにおいて拡張した領域の一つとしての D，ミュージアムの中にあるあらゆる資料属性を越えてのドキュメンテーション（Documentation）活動の実践的成果と考えられよう。

課名には無いが，企画・資料課には教育・普及係があったが，美術館教育すなわちミュージアムにおけるエデュケーション（Education）も D のドキュメンテーションと同様な時期において，1990年代以降大きくミュージアムの中で成長した分野である。

そしてもう一つが第３のＣである保存（Conservation）がやはり同時期に充実化している。かつてあったミュージアムの主役（両輪）であった２つのＣはいま３つのＣとＤとＥに拡張している。これらを総称してミュージアムの「基本のCDE」と呼んではいかがだろうか。

C：	+	D：	+	E：
Collection		Documentation		Education
Curation				
Conservation				

これらの拡張の全般にかかわって，その活動を基底的に支えるのが，ミュージアムにおけるドキュメンテーションに代表される情報化の徹底と共有・連携であることの良き報告が，2023（令和５）年に刊行された『ミュージアム・ライブラリとミュージアム・アーカイブズ』において東京国立博物館を事例に執筆されているので，ぜひ参照されたい[16]。

５．本書の構成とねらい

本書は，図書館情報学を学んだ後に国立美術館において，ミュージアムのライブラリからアーカイブへ，さらにコレクション情報に与る過程において，それらの情報の網の連鎖と連携について思考を重ねた三十余年のミュージアムでの現場体験と６年ほどの大学での教員体験から報告する小著である。

本書は，「来るべき「博物館情報・メディア論」」の「概説」たるべき領域を網羅するにはまったく足りないが故に，本稿に続く下記の３部をもって「博物館情報・メディア論」の「序説〔助走〕」として位置づけることが妥当であろうと考えている。

第１部　ミュージアムの中にライブラリを開く
第２部　アート・ドキュメンテーションと MLA 連携
第３部　アート・アーカイブ

この構成においての内容は，上述の「別紙2「大学における学芸員養成科目の改善」」の第2項の「○博物館情報・メディアの理論」に該当し，もっとも近接する文献としては，『博物館学Ⅲ　博物館情報・メディア論＊博物館経営論』（学文社，2012）の水嶋英治氏（検討協力者会議副主査）による「第2章博物館情報・メディアの理論」を敷衍するものとなるだろう。

第1部の「ミュージアムの中にライブラリを開く」プロセスの中から生まれたのが第2部の「アート・ドキュメンテーションとMLA連携」である。

MLAの三者をつなげることにおいて，とりわけ大きな役割があったのが「A」，すなわちアーカイブであり，そのことの気づきは，本文においても重ねて書いているレムケ名誉教授（Professor Emerita Antje Bultmann Lemke, 1918–2017，シラキュース大学，NY）によるキーノート・スピーチの論考「Art Archives: A Common Concern of Archivists, Librarians And Museum Professionals」であった。

アーカイブがミュージアムの作品とライブラリの資料，およびアーカイブそれ自体とをつなぎ止める膠（にかわ）のようなもの，「膠着体」となることに気づいたとき，三者の連携のトライアングルが明確なイメージとなって立ち現れた。

そのことを広く記述する枠組みとして「作品の「生命誌」を編む」として中村桂子氏の「生命誌」観を援用したのが，第3部に収めた「アート・アーカイブズを再考（レビュー）するということ」と題した第9章である。

探求の対象としてのM，あるいは拡張して主題（S: Subject）とLの二項関係から，次のステップとしてA（アーカイブ）を加えて，三項関係たるMLAの連携へ，さらにSLAの連携のトライアングルを目指すとき，「新たな」かつ「汎用性」のある「調査研究法（リサーチ・メソッド）」が拓かれる可能性について論じたのが本書の終章「MLAを越えて―新たな調査研究法（リサーチ・メソッド）としてのMLAからSLAへ」である。

以上，序として本書の三部構成について紹介したが，本論自体は，ほぼ同時に並行して重ねた思考の実験と資料を扱う手わざの行きつ戻りつの過程から書き紡いだ諸篇から成るので，重複と転回が繰り返されリニアな展開には成りえていないことは，著者自身がもっとも認識しているところである。

「ミュージアムの中のライブラリでアーカイブについても考えた」ことども

の「体験的 MLA 連携論のための点綴録」として一書にまとめたのが本書であることをもって，ご寛恕いただけましたら幸いです。

註

1：『神奈川大学評論』2023，104，p. 170–171.

2：https://www.europeana.eu/en［参照2023-09-30］

3：https://dp.la/［参照2023-09-30］

4：https://jpsearch.go.jp/［参照2023-09-30］

5：梅棹『情報の文明学』(中公叢書，1988)／『梅棹忠夫著作集』中央公論社，1991，14巻，p. 134.
著作集の当該巻の「月報」の12回（1991. 8）には，奇しくも，後に国立国会図書館長としてそのデジタル化を大きく進めた長尾真（執筆時，京都大学工学部教授・国立民族学博物館併任教授）による「博物館活動の情報化」が寄稿されている。

6：［ブログ］博物館学を読む～守れ！文化財～国際博物館の日記念講座「博物館か，博情館か？一次資料，二次資料とは何か？」2014年5月18日
https://rekitomo2000.seesaa.net/article/a64755013.html［参照2023-09-30］

7：梅棹『情報の文明学』(中公叢書，1988)／『梅棹忠夫著作集』1991，14巻，p. 133.

8：https://bunka.nii.ac.jp/［参照2023-09-30］

9：https://www.bunka.go.jp/seisaku/bijutsukan_hakubutsukan/shinko/kankei_horei/pdf/93697301_04.pdf［参照2023-09-30］

10：「1.2　学芸養成課程の改訂と「博物館情報・メディア論」」『博物館情報・メディア論』放送大学，2013，p. 11–12.
これからの博物館の在り方に関する検討協力者会議『学芸員養成の充実方策について「これからの博物館の在り方に関する検討協力者会議」(報告)』平成21年2月同報告所収「別紙2「大学における学芸員養成科目の改善」https://www.mext.go.jp/component/b_menu/shingi/toushin/__icsFiles/afieldfile/2009/02/18/1246189_2_1.pdf［参照2023-09-30］

11：編集代表小笠原喜康「まえがき」『博物館情報・メディア論』ぎょうせい，2013，p. i.

12：山内利秋「博物館情報メディア論の展開」『九州保健福祉大学博物館学年報』2012，1，p. 33.

13：学芸員養成課程開講大学一覧（令和5年4月1日現在）291大学
https://www.bunka.go.jp/seisaku/bijutsukan_hakubutsukan/shinko/about/daigaku/［参照2023-09-30］

14：田良島哲「持続可能なミュージアムの DX とは（第1回）：前口上」(公開：2021年9月25日22：11）に続く連載
https://note.com/nijo_gawara/n/n366ea75a7bf4［参照2023-09-30］
田良島「デジタルアーカイブスタディ　行かない／行けない人のためのデジタル

ミュージアムと，それを支えるデジタルアーカイブ」2020年07月01日号
https://artscape.jp/study/digital-achive/10162857_1958.html［参照2023-09-30］
15：水谷『情報知識学会誌』2020，30(1)，p. 62-66.
16：水谷・阿児雄之・山﨑美和・小野美香「5章　ミュージアムの中の情報連携」『ミュージアム・ライブラリとミュージアム・アーカイブズ』(博物館情報学シリーズ・8）樹村房，2023，p. 236-280.

＊　らん‐しょう〔‐シヤウ〕【濫×觴】
《揚子江のような大河も源は觴（さかずき）を濫（うか）べるほどの細流にすぎないという「荀子」子道にみえる孔子の言葉から》物事の起こり。始まり。起源。
＊＊　てん‐てい【点×綴】
［名］(スル)《慣用読みで「てんせつ」とも》ひとつひとつをつづり合わせること。また，物がほどよく散らばっていること。てんてつ。
出典：デジタル大辞泉

第 1 部

ミュージアムの中にライブラリを開く

第1部解題

第1章　2019「ミュージアム・ライブラリの原理と課題 ― 竹橋の近代美術館で学んだ5つの命題から」
初出：『現代の図書館』（日本図書館協会）57(3)，p. 107-117.
旧題「ミュージアム・ライブラリの原理と課題 ― 竹橋の近代美術館での30年から伝えられること／伝えたいこと」
2023『ミュージアム・ライブラリとミュージアム・アーカイブズ』（樹村房）博物館情報学シリーズ・8に収録

第2章　2012「東京国立近代美術館本館の情報資料活動」
初出：『東京国立近代美術館60年史 ― 1952-2012』p. 159-168.
2023『ミュージアム・ライブラリとミュージアム・アーカイブズ』（樹村房）博物館情報学シリーズ・8に収録の長名大地著「2章　ミュージアム・ライブラリ」が2018年以後の東京国立近代美術館本館の情報資料活動の模様を詳述している

第3章　第1部のための補論　3篇

第1篇　1988「一年前の夏，IFLA 東京大会をふり返って ― 美術図書館分科会を中心に」
初出：『図書館と本の周辺』（ライブラリアン・クラブ）12，p. 19-25.

第2篇　2004「ミュージアム・ライブラリの可能性 ― 人と情報のネットワーキングのもとに」
初出：『図書館雑誌』（日本図書館協会）98(7)，p. 438-441.

第3篇　2009「夢の砦 ― 展覧会カタログのために」
初出：『展覧会カタログ総覧』（日外アソシエーツ）p. i-ii.

1985（昭和60）年の春，竹橋の東京国立近代美術館の第一機動隊に通じるお濠側の脇道に接する通用口から4階の事務室へと続く，くすんだ長い階段を上がって新しい勤務場所にたどり着いた時，わたしには図書館員はおろか美術館の学芸員の現場の勤務経験も皆無だった。いまは筑波大学となっている図書館情報大学に編入学生として2年間学び，1984 (昭和59) 年の秋の国家公務員試験上級乙種図書館学の合格に拾われて，国立大学図書館への道がほぼ固まりかけた時，二つ三つの偶然が掛け合わさって，このような場で，東京国立近代美術館企画・資料課資料係配属の文部技官(研究職)としての仕事がはじまった。

東京国立近代美術館は戦後1952 (昭和27) 年の12月にわが国初の国立美術館として中央区京橋の旧日活ビルを得て開館した。わたしが着任してから27年目の2012 (平成24) 年に60周年を迎えているが，国立美術館の誕生は，湯島聖堂大成殿での文部省博物局博覧会を契機とする国立博物館の発足 (1872 (明治5) 年) に80年遅れてのことになる。

京橋に誕生した国立近代美術館は京都国立近代美術館の開館 (1963年) に伴い，東京国立近代美術館と改称し，さらに1969 (昭和44) 年には京橋から現在の地，竹橋へ移動していた。京橋での開館時，鎌倉の神奈川県立近代美術館(現在本館は葉山) と同じ京橋のブリヂストン美術館 (現，アーティゾン美術館) に次いでの開館だが，ニューヨークの近代美術館 (MoMA, New York) をモデルとしてファインアートにとどまらず，建築・デザイン・映画をも射程に入れて，特に現在の国立映画アーカイブも発足時の国立近代美術館において基礎がはじまっていた。

わが事に即して言えば，開館時に遅れることわずかの時間で，専任の資料担当者が，国立大学図書館から異動されており，その方の定年退職のタイミングでわたしの着任が，引き継いだという次第なのである。

さて，17年の京橋時代を経て竹橋へ移転し，ブリヂストン美術館の石橋財団によって寄贈された建築は，ほぼ30年を閲して大規模改修工事の末に，2002 (平成14) 年，はじめて公開のアートライブラリを得たのである。

つまり前任者の三十余年の在職期間においても，わたしの着任以来の17年間においても，そこには資料はあれども，資料室自体その姿は文字通り影も形もなかったのである。

幸い，2002年の新装改築から2017 (平成29) 年3月末までのわたしの在職期間においては，ライブラリのあるライブラリアンとして，ここでの後半の15年間を過ごすことができたことは，なによりもの幸いであった。

この間の体験に基づいて，アートライブラリの現場を離れて一年後に書いたのが，第1章である。この第1章が，ミュージアム・ライブラリの理念的側面を描出したものであるのに対し，『東京国立近代美術館60年史』に寄稿の第2章は，より現場の実像と課題を記述したものである。

東京国立近代美術館の60周年は2012年であるから，アートライブラリの開室から10年後でもあり，まず書かねばならなかったことは，ライブラリの不在，それは兎にも角にも物理的なスペースが無いことへの愛憎，というよりも大規模増改築案の浮上がなければ永遠に解消できない不可能性を抱えて資料担当を担うことの困難であった。

今日，多くの美術館や博物館で公開の図書室が設けられ，その公開による成果も多大に成長しているが，実のところこのスペースの問題はミュージアム・ライブラリの永遠の課題と言ってよい。

第1章においてMoMAのC.フィルポット氏の言を借りて，命題の一つに掲げた「分担／分散と集中」は，実にこの即物的な，かつ最も手強く，共有可能な難敵な課題へ向けた解の示唆を願って書いたものなのである。

1985年の着任時から第2部「アート・ドキュメンテーションとMLA連携」に展開していくほぼ10年の間に，わたしが遭遇した僥倖は3つあった。

その第1は，着任の翌年に開かれた国際図書館連盟（IFLA）東京大会の開催（1986）。

第2は，IFLA東京を機縁に翌々年の1988（昭和63）年のIFLAシドニー大会の美術図書館分科会に招かれたこと。

第3は，1990（平成2）年の1－2月にかけてUSIA-IVPに招かれてアメリカの美術図書館の著名館を東海岸から西海岸へ横断して，徹底して観て回れたことである。

IFLA東京大会の効能の大事な一つは，第1章で述べたジェーン・ライトが語った「一人図書館員」の胸中を共有しながら，目を美術館の館の外へ向けさせたことであったが，第3章の補論の第1篇に大会の模様を書いている。ちなみにこの一篇はIFLA東京大会の展示会を仕切った経団連図書館のS氏や松竹大谷図書館のOさんら，大手町周辺の専門図書館員が集まる「ライブラリアン・クラブ」の機関誌『図書館と本の周辺』に書かせていただいたものである。末尾に図書館情報大学で専門図書館論を講じて下さったS先生への追悼の言を添えていた。

IFLA シドニー大会は第3部のアートアーカイブを考える機縁となったレムケ先生の美術図書館分科会でのキーノート・スピーチが，大きな方向性を開示してくれた。と同時に，帰国後に開いた「美術図書館を考える会」（計3回開催）が1989（平成元）年4月のアート・ドキュメンテーション研究会（現学会，JADS）の直接的な機縁となったのである。その時の世話人がほぼそのまま発足時のJADSの幹事へと継承されていった。

1990年のUSIA-IVPは当時，東京アメリカンセンターのライブラリアンだったKさんの推挙によるものだったが，その旅程と見学先に含まれていたMoMA ライブラリとコロンビア大学エイヴリー美術・建築図書館の体験が，実は，東京国立近代美術館での岸田劉生アーカイブの受け入れと並んで，もっともわたしにMLA 連携にかかわる啓示をもたらしたものだったのである。

第3章の補論第2篇の「ミュージアム・ライブラリの可能性 — 人と情報のネットワーキングのもとに」は，「専門図書館・最近のトピックス」の一篇として日本図書館協会の『図書館雑誌』に寄稿したものだが，ミュージアム・ライブラリが公開の専門図書館であることとその可能性を2004（平成16）年3月に東京都現代美術館，横浜美術館とともに構築した美術図書館横断検索（ALC）の「人と情報のネットワーキング」に即して紹介した小論である。今日のALCは美術図書館連絡会（ALC: The Art Library Consortium）の運営のもと14館の参加にまで成長している。

補論第3篇は，ALC に参加のいずれの美術館も第一等の資料群としてまっさきに掲げる展覧会カタログについて，『展覧会カタログ総覧』の巻頭に寄せた小文である。冒頭，2007（平成19）年に開館した国立新美術館において，同館のアートライブラリーの開室にかかわって同館のニュース誌に寄せた「夢の砦 — 展覧会カタログのために」を引用している。展覧会カタログの国内収集については第1章の命題の一つに掲げた「分担／分散と集中」ともきわめて緊密に関わっていることを確認していただけたら幸いである。

第 1 章

ミュージアム・ライブラリの原理と課題
竹橋の近代美術館で学んだ５つの命題から

はじめに ― ５つの「命題」から学んだこと

筆者は1985（昭和60）年４月から2018（平成30）年３月末日に至る三十余年，竹橋（千代田区北の丸公園）の東京国立近代美術館のアートライブラリに勤務し，18年の春から現職に異動している。

途中，２年余，乃木坂（港区六本木）の国立新美術館設立準備室に併任したが，竹橋のアートライブラリがキャリアのホームであった。ただし，着任時にはライブラリを持たない，屋根裏に書架の並びだけのある企画・資料課資料係員，文部技官研究職が私の肩書であった。当時，つまりは独立行政法人国立美術館以前（2001年３月以前）においては，東京・京都・奈良の国立博物館同様，東京・京都の国立近代美術館，国立西洋美術館，国立国際美術館は文化庁施設等機関である博物館相当施設であり[1]，そこに働くいわゆる学芸員は技官（研究職）であり，事務官とは別に存在し，その世界にいまは筑波大学となっている図書館情報大学卒が紛れ込んだのだった。西洋史を図情大以前の大学で学んだが，美術史も美学も博物館学や学芸員資格も無縁のままに美術館勤務が始まったから，「門前の小僧」状態であった。

当時，公開の美術館の図書室は東京都美術館にある限りであり[2]，上野の東京国立博物館に資料館はあったが，国立美術館には美術書と書架はあっても，公開のアートライブラリは一館とて無かったから，勢い，海外の art library の世界に知恵と情報を頼むほか無かったし，その動勢に同じく目を向けているらしい関係者も，のちにアート・ドキュメンテーション研究会（現学会，Japan Art Documentation Society, 1989–，略称 JADS：www.jads.org）をともに立ち上げた当時都立中央図書館に勤務のＨさんと武蔵野美術大学美術資料図書館のOさんを除けば，ほぼ皆無のように見受けられた。

現在のJADSやALC（美術図書館連絡会，美術図書館横断検索のためのコンソーシアム：alc.opac.jp）の活動，あるいは新規開館あるいは大規模リニューアルの美術館には，ほぼ必置で公開のアートライブラリが計画図面に落とし込まれている現況は，まさに隔世の感がある。時間は確実に過ぎた。

けれども，本稿を準備する過程で，その時間の中で感得した知恵と原理を振り返るならば，私のキャリアの極くごく初期に遭遇した英米の美術図書館協会（ARLIS: Art Libraries Society）のファウンダーや主要メンバーがかつて提示した命題や問いかけが，一貫して，直面する課題の解決における重要な参照系であり続けたことがあらためて確認されるのであった。

故に旧聞に属しはするが，本稿においては以下，5つの「命題」から学んだことを紹介するをもって，博物館情報学シリーズの『ミュージアム・ライブラリとミュージアム・アーカイブズ』序章 — イントロダクションとなり，シリーズ最終巻の巻頭に相応しからんことを願いたい。

1．ARLISファウンダー，TFの命題から学んだこと — その1　つながること（co-operation）

ARLISは1969年に英国において産声を上げた。1972年に北米に飛び火して，ARLIS/UK & Ireland（以下A/UK）およびARLIS/NA（North America，以下A/NA）と名称し，ほかにARLISを名乗る組織は，オーストラリア・ニュージーランド，オランダ，北欧，ドイツ等に拡大し，上述の日本のJADSもまた，ARLISを名乗りはしないが（その由縁は後述する），ARLIS類縁組織（affiliated-organizations）として位置づけられており[3]，例えば，A/UKの機関紙*Art Libraries Journal*（以下*ALJ*），A/NAの*Art Documentation*とJADSの『アート・ドキュメンテーション研究』の相互交換などの交流は継続されている。

ARLIS誕生の直接のきっかけは，イースト・アングリア大学図書館の副館長であったトレヴァー・ファウセット（Trevor Fawcett，以下TF）が*Library Association Record*誌に投稿した一通の手紙から始まる[4]，と定説されている。

> 主題専門を持つ図書館員，あるいは稀覯書など特殊形態資料の扱いを専らとする図書館員はその専門を同じうする者たちとの間に作られる互恵的協力の体制（co-operation）のあることの有難味をいち早く理解するものである……ファイン・アートもアプライド・アートもすべて含んでの美術全般に携わる図書館員の間にも，早速にも互いのための協力組織を作ろうではないか。

との呼びかけが，同誌に載ったのが1968年3月。1969年，ARLIS 創設大会を開き，同年10月に *Newsletter* を創刊，70年に22名の参加者によるセッションの開催，71年に会員名簿を刊行，72年の年次大会に北米からの参加者を得て，73年には A/UK と A/NA の2つの ARLIS がアフィリエイトの関係を結んでいる[5]。

日本の美術図書館員の間にも，TF が主導し創設した美術図書館員による相互協力のネットワークの必要性が急速に高まったのが，1980年代の後半においてであった。そして，ARLIS を名乗らないものの，1989（平成元）年の発足時から，様々な経路において JADS は，海外 ARLIS との間にアフィリエイトの関係を築こうとしてきた。

2．ARLIS ファウンダー，TF の命題から学んだこと ―その2　多様性（diversity）

1985（昭和60）年の年が明けてようやく春からの勤めが竹橋の近代美術館に決まった時，その準備はまずは図情大図書館に幸いにも架蔵されていた A/UK の機関誌 *ALJ*（創刊1976年）と1977年にほぼ10年の蓄積をもって A/UK が満を持して刊行した初のモノグラフである *Art Library Manual*（以下，*Manual*）[6] に目を通すことであった。この *Manual* および後日，1985年に IFLA Publications シリーズの34冊目となる *A Reader in Art Librarianship*（以下，*Reader*）をともに編集し，自らも寄稿しているのが，*ALJ* の創刊エディタであるフィリップ・ペイシー（Philip Pacey，以下 PP）である。*Manual* のイントロダクションの冒頭に編者である PP が引用していたのが，やはり TF のメッセージ

表１　*Art Library Manual* の目次

1.	General art bibliographies（一般美術書誌）
2.	Quick reference material（一般参考図書）
3.	The art book（いわゆる美術書）
4.	Museum and gallery publications（美術館刊行物）
5.	Exhibition catalogues（展覧会カタログ）
6.	Sales catalogues and the art market（図書および作品の販売・オークション資料）
7.	Standards and patents（規格と特許資料）
8.	Trade literature（一般書籍目録）
9.	Periodicals and serials（逐次刊行物）
10.	Abstracts and indexes（抄録・索引誌）
11.	Theses（学位論文）
12.	Primary sources（一次資料，アート・アーカイブズを含む）
13.	Out of print materials（絶版図書資料）
14.	Reprints（復刻図書）
15.	Microforms（マイクロ資料）
16.	Sound recordings, video and films（録音・映像資料）
17.	Slides and filmstrips（スライド・フィルム）
18.	Photographs and reproductions of works of art（資料写真・複製美術品）
19.	Photographs as works of art（作品としての写真）
20.	Printed ephemera（チラシ・パンフレットなど散逸しやすい印刷物［エフェメラ］）
21.	Book design and illustrations（装幀・挿画資料）
22.	Artists' books and book art（アーティスト・ブック，作品としての本）
23.	Loan collections of original works of art（美術図書館が館外貸し出しする作品）
24.	Illustrations（イラストレーション）

であった。

「完璧なるアートライブラリアン（The Compleat Art Librarian）」と題する一文は，*Reader* にも復刻されていて，容易に当たれるのでぜひ全文をお読みいただきたいが[7]，PP が引いたのは，美術図書館員がまさに直面する困難とそれ故の喜びを直截に語るメッセージから始まっていた。

> 美術図書館員の直面するもっとも顕著な困難は，扱う主題領域の圧倒的な広さである。おそらく，他のいかなる専門よりも，多種多様な資料とメディアを扱わなくてはならないだろう。印刷された文献資料のみならず，数限

りないイメージとオリジナル作品の代替物にとり囲まれているのである。

編者であるPPは，TFのこのメッセージを敷衍するかの如くに，美術図書館が抱え，美術図書館員が対峙する資料とメディアの多様性（diversity）を本書の章立てに反映している（表1参照)。

もちろん，*Manual*はインターネット以前であるとともに，デジタルアーカイブの姿もない時代の産物であるが，この章立てに現れる多様な資料群のうち，現在のアートライブラリから姿を消したものは，一つとして無いのである。さらにアートライブラリの多様性は拡張していることをあらためて本書に立ち返って確認していただきたい。

*Manual*以後，例えば，Jones & Gibsonの*Art libraries and information services: developmen, organization and management*(1986)[8]から，Benedettiの*Art museum libraries and librarianship*（2007）[9]に至るまで，幾冊かの良き美術図書館学のテキストとなるものも出版されているが，アートライブラリの資料の歴史とそれに相応しい扱いの基本となるものを知るには，この*Manual*の存在の意義はいまなお大きく，まだまだ継続するだろうし，立ち返るべき基本書であることをここに記しておきたい。

3．アメリカのアート・ミュージアム・ライブラリアンの先駆者，JWの一生から学んだこと
――一人図書館員（OPL: one person librarian）の悩みと矜持

アートライブラリの相互協力のためのネットワークとその資料の多様性を維持保証するのは，あくまでもその当事者である美術図書館員を置いて他にはない。一人図書館員（OPL: one person librarian）であることの多いアート・ミュージアム・ライブラリ［アン］（以下，AML）にとって，とりわけ「門前の小僧」の如き1985（昭和60）年の，当時の私にとっては，*Reader*に再録されているジェーン・ライト（Jane Wright，以下JW）が1908年の*Public Libraries*に寄稿した「美術図書館員の願い（Plea of Art Librarian）」に現れる以下の切々たる心情が強く共感された。

> 美術図書館は，広くは知られてもいませんし評価されているとも言えません。加えて，学芸員やほんのわずかの学生の利用のために主として存在している，と言って良いでしょう。しかし，この国で博物館や美術館がさらに発展するにしたがって，美術図書館の重要性はいよいよ増してきました……本や銅版画や写真やその他いろいろに納められ，蓄積されてきた過去の豊穣な遺産を，より有効に利用者に供すること，これ以上に，図書館員にとって刺激的でワクワクする仕事がありましょうか。

このようにAMLの将来への夢と仕事の喜びを語る一方で，JWは，

> 美術館の図書室に勤めたことが私にとっては間違いではなかったか，と心の底で疑問に思うことがある……確かに私が体験する世間はひどく限られたものでありますし，皆が言うようにどんな街であっても，美術に関心のある人間などその数はさしたるものではないのでしょう……私は人知れず，一人で，助けてくれる人もなく，ごく限られた人々のために，多くのものを用意しながらそのうちのほんのわずかしか提供できないまま働いています。

という弱気もまた垣間見せていた。

2008年，A/NAの機関誌*Art Documentation*にJWのこの一文が100年を経て，JWと同じシンシナティ美術館のライブラリアンによって紹介されている[10]。

これまで，「(JWが) インテリジェントでハードワーキングな人」と評されてきたこと，JWの「願い」が，OPLのミュージアム・ライブラリアンからの歴史的にも最初の呼びかけとして，度々，引用されてきたと書かかれていた。

*International Bibliography of Art Librarianship*をまとめたPaula A. Baxterは，この「願い」の解題において，「ジェーン・ライトによるこの美術図書館員のミッション・ステートメントは予言的（prophetic）ですらある」と述べていた[11]。

なぜこのようにJWの「願い」は美術図書館の文脈で飛びぬけて高い顕彰を得てきたのだろうか。歴史的に嚆矢ということは確かにあるだろうけれど，想像するに，いずこのAMLでも，そこに働くOPLは，JWと全き同じ感慨を，一度は持ってきたに違いない。すでに美術館の中に公開のライブラリがあることが，相当程度に一般化した現代にあっても，その思いに変わらないことは多いだろう。

このJWの「願い」をJADSの『通信』に全文を翻訳した由縁にも通底するのだが，OPLという事態がAMLの宿命的側面の一つであることは，あらためて確認しておくべき重要事である[12]。

JWは，1908年にこの「願い」を寄稿して間もなく，シンシナティの美術館からプリンストン大学の美術・考古学部の博物館・図書館に異動した。そこでは，多分，OPLではなく，シンシナティでの嘆きもなかっただろう。

1929年6月8日の *The New York Times* の訃報欄は，Miss Wright, Expert on Art, Curator at Princeton University Museumが長いヨーロッパ漫遊の旅からの帰国の途上，パリにおいて客死したことを報じていた。

先に紹介したA/NAの *Art Documentation* 誌の記事には，1907年，シンシナティ美術館のライブラリ，天井高く，ギリシアのカリアティードも施された室内にたたずむJWが右手奥に小さく写し込まれている（図1）。その姿からは，『パリのアメリカ人』というよりも『旅情』のジェーン（キャサリン・ヘップバーン）を思い起こしてしまう。が，いずれにせよ，AMLの先駆者としてのJWの「願い」はいまなお生き続けているということであろうし，その願いに込められた「予言」が当たっているか否かは，いまこそ問われているということなのだろう。

現状のミュージアム・ライブラリの「人」の課題は，以下の章において触れる「空間」や「資料」の課題と並んで，大きな陥穽あるいは変え難い特性を抱えている事実に触れないわけにはいかない。

東京国立近代美術館の本館にあるアートライブラリは，現在職制上，企画課情報資料室であり，室長は主任研究員または研究員（独法以後「官」の字は使わない）が専任として配置されており，専任としてはOPLであるが，その元

図1　*Jane Wright (standing), Cincinnati Art Museum Library, 1907. Photograph courtesy of Mary P. Schiff Library & Archives, Cincinnati Art Museum and ARLIS/NA.*

には研究ないし事務補佐員が複数名と補助的業務委託等協力者が配置されているから，全体から見ればまったくのOPLとは言えない。

本館情報資料室長は，現在，三代目を数えている。開館以来，2012（平成24）年に60周年を迎え，間もなく70周年にもなる機関の1ポジションが，わずかに3代というのは，国立美術館の全体を見渡しても，ほかにあまり例を聞かないが，在京3国立美術館においては同じ役目を果たす室長の在任期間を想像するに，大きな変動は予見できない，という極めて特徴的な人事ポジションであることを指摘できる。

初代および二代，つまりは筆者，は司書資格者ないし図書館情報学専修のシングル・デグリーであった。美術については，繰り返すが，「門前の小僧」であったし，初代はOJTによって，日本近代美術家についてのもっとも優れた美術書誌・年譜の編纂家として，圧倒的に多数かつ精緻な業績を残す高名な先達であった。

現在の在京三館の情報資料室長（東近美，西美，新美）においては，すでに大きく様変わりして，美術史の博士号取得者，博士候補有資格者を含んで学位保持者であり，美術史の1st デグリーの上に，司書有資格者あるいはアーカイブズ学の既習者となっており，他専門図書館分野に先んじてダブル・デグリー相当がその任に当たっている。この傾向は一部，公私立美術館においてもその萌芽が見て取れるのであり，大筋において，図書館員の専門性を鑑みるに，歓迎すべき変化である，とともに今後の人材の継続的発見，および職域の保全，確保において，在任期間を含んで，これまで以上の慎重さが求められていくことは必定であろう。

一方，国立美術館において，室長のもとに現実のライブラリを底支えするスタッフが，任期5年間厳守の補佐員であることの限界は，室長がOPLであることとともに，一層，決定的な制度的陥穽としてあり，筆者には変革の手の及ばない圧倒的壁であったが，少なくとも現在なお，同様である事態が続いている。同等に近い状況は，ALC参加館にもほぼ共通しているのが，実はミュージアム・ライブラリの多くの課題の筆頭であると言っても良いかもしれない。

4．NAL，V&Aの館長JvWとの対話を通して学んだこと—なぜ，ARLIS/Japanではなかったのか？ そして，「MLA連携」の萌芽的提起へ

1969年に誕生したARLISは，A/NAの発足とともにA/UKとなり，1976年に同組織は，*Newsletter*とは別個に本格的機関誌*Art Libraries Journal*（以下*ALJ*）を創刊した。同誌は，現在なお，A/NAによる*Art Documentation*と並んで，あるいはIFLA美術図書館分科会のセッション報告を掲載することを鑑みれば，やはり世界のアートライブラリアンにとっては，もっとも頼りになり，期待の大きいリーディング・ジャーナルである。

*ALJ*は，時折，国別特集号(special issue)を組むが，2013年のVol. 38，No. 2は，特集：“art documentation in Japan”であった。筆者は，その巻頭において，‘Art Libraries and art documentation in Japan, 1986–2012 : progress in networking in museums, libraries and archives and the Art Libraries' Consortium' を寄稿する機会を得たのであるが，ARLIS の発祥である A/UK の機関誌に寄稿する，しかも歴史的概観をベースに語るとき，1989（平成元）年のアート・ドキュメンテーション研究会（JADS）の発足（現アート・ドキュメンテーション学会）について，とりわけ，「何故，ARLIS/Japan でなかったのか？」から説き始めないわけにはいかなかった。

以下，*ALJ* の寄稿拙文の元になる和文に適宜手を入れて再録することをもって，本章の疑問符に答えることとしたい。

JADS，1989- 何故，ARLIS/Japan ではなかったのか？

伝統ある ARLIS/UK & Ireland の *Art Libraries Journal* が日本の美術図書館，アート・ドキュメンテーションおよびこの語を含む私たちの JADS: Japan Art Documentation Society，そしてデジタルアーカイブの近況について報告する特集を組むことを快諾された本誌編集委員会にまず深く感謝の意を表したく存じます。

筆者は，本誌に寄稿するのは三度目でありますが，一度目は1988年の IFLA シドニー大会美術図書館分科会でのプレゼンテーションの再録[13]で，二度目は JADS の誕生を報告する1989年の記事でした[14]。

1989年の記事にあるように，日本には ARLIS のような美術図書館を横につなぐ美術図書館員のための職能組織は1989年まで存在していませんでした。ARLIS および IFLA 美術図書館分科会の存在については，決して多くはないものの，注視している美術図書館員が日本にもいました。その証拠に JADS の誕生，さらには1986年の IFLA 東京大会の開催に先んじて，日本の美術図書館およびアート・ドキュメンテーションに関わる課題を当時，武蔵野美術大学美術資料図書館の事務長であった大久保逸雄さんが，Art Libraries Round Table at the IFLA General Conference, Manila, 1980. において提起していたのですから[15]。

ARLIS/Japan に相当する組織の無いままに迎えた1986年の IFLA 東京大会の美術図書館分科会のセッションは，当時の同分科会議長であった Ms. Margaret Shaw さん，Librarian, National Gallery of Australia の卓越したオーガナイズと Ms. Nancy S. Allen さん，Librarian, Museum of Fine

Art, Bostonをはじめとするエレガントなプレゼンテーションによって，成功裡に幕を閉じて，同席した日本の美術図書館員に大きな感動と日本にもARLISが必要なこと，そしてさらにIFLAとの連携の強化を図ることの重要さをあらためて認識させました。

その意味では，JADSはIFLA東京大会の申し子であり，海外ARLISの先輩諸氏の導きによって誕生したと言えましょう。

では，なぜJADSであって，ARLIS/Japanではなかったのでしょうか？

そしてこの命名の功罪は発足から20年余を経過して，どういう結果をもたらしたのでしょうか？

筆者は，1989年のJADS創設時の状況を*Art Libraries Journal*への第2の寄稿文において，次のように説明していました。

> 私たち日本の美術図書館員は欧米のARLIS同様，関連する研究者，学芸員，美術史家，編集者，出版者そして情報学の専門家たちを含んで，きわめて広い領域からの参加を望んでいます。図書館員ではない，このように広く多様な領域の専門家に向けて「図書館」の語を発するとき，残念ながら，ただひと度でも，この語の使用をもってただちに，縁遠い組織との感を持たれる傾向が想像されましたし，その感は事実，強くありました。多様なフィールドとの間に共通し，かつ喫緊の関心事を，ともに集い，協議し，共有化するために，あえて組織の名称から「図書館」の字句を除いて，「アート・ドキュメンテーション」を採用したのです（ただし，個人的感懐ではあるのですが，「図書館」という語へのこのように一般化されがちな感応自体については，日本固有のものであり，かつ私自身は，そのことを受け入れるのに積極的ではないのです。「図書館」という語にあるところの精神的な，かつ高貴ともいえる何かを尊ぶこと，そしてなお，アート・ドキュメンテーションの活動から「図書館」の消えないことを願うのです）。

上記段落の末尾に位置する（　）内の筆者個人の感慨に対し，後にJADSと国立西洋美術館が招聘講演をお願いしたヴィクトリア・アンド・アルバート美術館の図書館の，ここは国立美術図書館（National Art Library）の名称を冠しているのですが，その館長であるワテレン氏（Mr. Jan van der Wateren, Curator and Chief Librarian, National Art Library, Victorian and Albert Museum，以下 JvW）は，JADS の命名について，「［ライブラリ］の格調高い歴史にも関わらず，今の時代にこの「ライブラリ」や「ライブラリアン」の言葉を取り除いたことは，一つの革新的な動きであると考える」[16]と評したことがあります。

以後の JADS の活動は，JvW の評価を実践するように，日本において図書館の枠を越えて領域横断的，学際的な活動を示して，他に類を見ないユニークな団体として地歩を固めました。さらに，2009年（JADS の20周年）を境に，日本の多くの文化遺産継承機関とその関係者を巻き込んで議論が進んでいる，謂ゆる「MLA 連携」を最初にかつ継続的に提起してきたのが JADS であり，その源には，“hope for the participation of people from a wide range of fields”があったが故であります。

ただし美術図書館員の職能団体として見る限りにおいては，今日の日本の図書館員，特に専門図書館，中でもミュージアムのライブラリにおける人事的専門職能制度の脆弱さに対し，有効な対応策を JADS が示しえなかったという強い反省の念があるのも，また事実でした。

以上，長い旧稿の和文原稿の再録となったが，ARLIS/Japan ではなく JAD（ocumentation）S となった由来と「MLA 連携」の萌芽は，かくの如くに連絡していたことをあらためて歴史的経緯として記しておくことの必要を強く感じたが故であることをご理解いただけたら幸いである。

5．AL & AA, MoMA 館長 CP の問いかけから学んだこと —部分と全体：あるいは分担（artels）／分散と集中（monoliths），そして，ナショナル・アート・ライブラリの理念から見直す現実的課題について

ロンドンには JvW が館長を務めた国立美術図書館を名乗る V&A の図書館

以外にも多くの優れた美術館図書室があって，テイト・ギャラリーのライブラリをはじめ，すぐにいくつも指おり数え上げることができるし，美術資料写真のウィット・ライブラリ，亡命ドイツ人アビ・ヴァールブルクの創始による The Warburg Institute のライブラリもまた，美術／文化史図書館として異彩を放っている。だから，V&A にナショナル・アート・ライブラリがあっても，そこが英国の美術図書の全ての領域をカバーするわけではないのは，当然である。

もともとは A/UK の発起人の一人であり，英国から NY に渡って，ニューヨーク近代美術館，MoMA のアートライブラリ（AL）／アートアーカイブズ（AA）を担って館長となったクライブ・フィルポット（Clive Phillpot，以下，CP）が1988年に提起した命題は，いまこそ日本のアートライブラリの今後を考える上で，極めて示唆に富むものと思われる。最後の5つ目の命題として，現実的な課題の明示化と解決のためのささやかな糸口になることを願いつつ，その論考の一端を紹介したい。

CP の論考は「国立美術図書館：モノリス or アルテル」と題するもので，A/UK の *ALJ* の1988年の号に載ったものだが，初出は英国ブライトン IFLA 大会美術図書館分科会での発表ペーパーである[17]。前述の通り，*ALJ* は IFLA 大会の美術図書館分科会での成果を再録することが多く，その意味でもキー・ジャーナルとなっている。

さて，モノリス（monolith）とは，「一枚岩」と訳せば良いものだろうが，S. キューブリック監督の映画『2001年宇宙の旅』に度重なって現れる硬質かつ漆黒の，すべてを拒絶しなおすべてを飲み込むかの完全無比の存在を想起させる。アルテル（artel）とは，旧ソ連邦での「組合組織」の意だが，CP の論考の文脈では，かつて OCLC と並び，米国研究図書館の書誌ユーティリティであった RLIN を稼働させた RLG: Research Libraries Group という組織体とこれを形成する個々の研究（専門）図書館を指している。

CP が，'Monoliths or Artels?' と問うた命題はこうだ：

> 唯一無比の完璧な国の美術図書館は，唯一の国立図書館よりもはるかに夢想的であり，現実的ではない。国内のすべての美術図書館の総体(集合体)

をもってして初めて「ナショナル・アート・ライブラリ」となることが可能であり，かつ美術図書館の多様性や豊富なアクセスや収集方針の幅の広さなどを一層保持し得るのである。そのためには，効率的な「調整」と最大限の「協力」を最小限の一極「集中」でもって，行うことが必要なのである。美術図書館の共同体的同盟（RLG こそ今その好例であるのだが）によってこそ唯一無比の「モノリス」的図書館をはるかに凌駕する国の美術図書館となるのである。

CP の本論の初出は，1987年であることに注目していただきたい。CP にとって RLG こそは，アートライブラリにとっての好ましい artel であったし，1980年代の末に RLG を背景に大きな成果を残した AAPC: Art and Architecture Program Committee の活動は幅広く喧伝されていた。その後の曲折の結果，AAPC の精神と活動は OCLC へと移り，ADGC: Art Discovery Group Catalogue[18]や The Future of Art Bibliography[19]へと結実していると言えるだろう。

本稿において最後に CP の命題を取り上げた本旨は，AAPC や ADGC を紹介することではない。

「モノリスではなくアルテルを！」と説いた CP のメッセージそのもの，あるいは美術図書館という一専門主題の図書館における「部分と全体」の課題と言っても良いだろう。

その課題を２面として挙げるならば：

- 「部分と全体」の課題 — その１：「部分」の総和が一国の美術および美術資料の「全体」となるための「つながり」
- 「部分と全体」の課題 — その２：「全体」の一部となり得るための「部分」としての個々の美術図書館，とりわけ美術館図書室の備えるべき「要件」

という，２つの検証が今後いよいよ必要になる。

美術館の図書室においては，例外なくいずれの図書室においても筆頭に数え上げられる資料であるのが，展覧会カタログである。展覧会カタログを例にこの２面について考えてみよう。

かつて残念ながら2004（平成16）年10月末日をもって閉館したが，展覧会カタログのための専門図書館，アートカタログ・ライブラリー（財団法人国際文化交流推進協会）が赤坂にあって，そのすべてのカタログを移管継承した国立新美術館が設立準備室だった頃，同室のニュース誌に「夢の砦 — アートライブラリ　展覧会カタログのために」[20]と題し，次の一節を書いたことがある（本書第１部第３章第３篇に再録）。

> 人々が行き交うように，作品も，いま，静かに安全に細心に，運ばれていきます。
> 美術館から美術館へ，個人のお宅から美術館へ，道路を，空路を，山を越え，海を渡り。
> そして，展覧会は開かれて，閉幕とともに，ふたたび，静かに，もとの安息の地へ帰ります。
> 展覧会は，このように作品が集まり，また，散りゆく，一刻（ひととき）の夢の場です。
> わくわくしませんか。そして，夢の面影（おもかげ）は，観る人の心のうちとカタログ（図録）に残ります。
> 私たちは，アートライブラリ（美術図書室）を作ります。
> そこにある主役は，一期（いちご）の夢をよみがえらせる，展覧会のカタログです。

この拙文は，旧アートカタログ・ライブラリーの蔵書を含んで当時のALCの参加館（全てではないが）のカタログにより編まれた『展覧会カタログ総覧』の序文「夢の砦 — 展覧会カタログのため」にも引いたように[21]，「（展覧会が終われば）残るのは“カタログ”」[22]だけであり，かつそのカタログの，例えば明治以降現代までの，須らくの総体は，カタログを第一の資料とする美術館図書室の誰もが，その片鱗すら垣間見たことはないのである（図２参照）。

美術図書館員はボルヘスの『バベルの図書館』のつぶやきに倣うまでもなく，「美術図書館があらゆる展覧会カタログを蔵していると公表されたとき，その第一印象は途方もないよろこびといったものであった」と内心思い続けてきたのである。

ALCが誕生した2004年以来の展覧会カタログにかかわる「夢」は，少しず

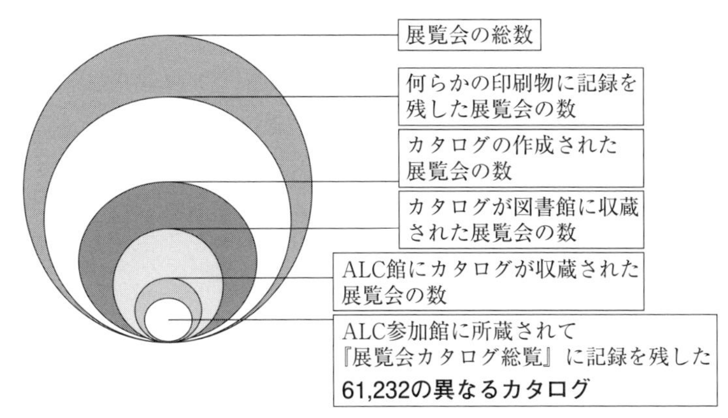

図2　展覧会とそのカタログ — 数の見通し

つ参加館も増えて実現に近づいているし，検索技術も向上したが，この組織の名称にある「C」，すなわちConsortiumが，CPが思い描くartelに成長するまでの道のりはまだ遠い。遠いながら，「つながり」の結構は築けている。「部分と全体」の課題 — その1は，全てではなくとも路線は描けたと言っても良いだろう。

「部分と全体」の課題 — その2の「要件」の筆頭第一は，JWの章で触れた「人」だ。

筆者の竹橋でのキャリアにおいて，2002（平成14）年の公開のアートライブラリの開室によって，いったんは解消したものの，間もなく旧に復して，苦戦が復活した最たるものは，そしてALC参加館はもとより，見聞するほとんどすべてのミュージアム・ライブラリの抱える最大の課題は，「空間」，資料の置き場所そのものである。

竹橋で言えば，開室の当初から資料の一部は外部倉庫に置くことを始めざるを得なかったし，その後も拡大こそすれ，縮小は無い。2012（平成24）年に刊行した『東京国立近代美術館60年史』の「本館の情報資料事業」[23]において，最も字数を費やしたのは，まさに書庫スペースの獲得までの苦戦する「歴史」であった。

初代の資料係長には退職の最後の最後まで，京橋から竹橋への美術館の移動再開によって全き新館を得たにもかかわらず，屋根裏部屋の書架の並び以上には書庫と呼べるものを確保されることはなかった。

ここであらためて「部分と全体」を思い描くならば，「つながる」個々の「部分」の内実の明晰化が必要であり，それは共同分担蔵書構築のスキーマを描くことによる蔵書範囲の限定化を意味することであろう。

かつてA/UKの草創時にTFが示した2つの命題，「つながること(co-operation)」と「多様性(diversity)」は，CPの「モノリスとアルテル」の対比からアルテルを選択する思考と行為のうちにおいて，まさに継承され，内在化しているのだ，と思われるのである。

おわりに―IFLAという傘のもとに

MoMAのPhillpotさんやボストンのAllenさんは1986（昭和61）年のIFLA東京大会に出席され，はじめて日本で開催のIFLA美術図書館分科会は盛況のうちに幕を閉じた。

筆者はアート・ドキュメンテーション学会，あるいは日本のARLISはこの1986年をもって始まると幾度か書きもし，口答で発表もしてきた。

IFLA東京大会をはさんで長くこの美術図書館分科会の議長を務めたマーガレット・ショーさん（Margaret Shaw, Former Librarian of Australian National Gallery, Standing Committee member, and Chair of and Honorary Adviser to IFLA Section of Art Libraries）は，2007年の*ALJ*に25年のIFLA美術図書館分科会の歴史を振り返る論考において，本分科会が多くの世界中からの（‘from around the globe’）アートライブラリアンを引き合わせ，かつその国の（‘in the locality’）美術図書館員を結び付ける組織を生んできた。日本のJADSこそまさにその顕著な（notable）事例である，と指摘していた[24]。

ショーさんは，この論文の「結語」において，美術図書館にこそ，まさにふさわしいメッセージを書き綴っていた。その3つのメッセージを紹介することをもって，以上長くなった本稿も閉じることにしたい。

- art, by its nature, international

  美術は，元来，国境を超えるものである。

- IFLA puts special libraries, including art libraries, in a broader, general context
  IFLA は，美術図書館を含んで，専門図書館を図書館の世界全般の広い文脈へと開いている。
- participation gives an unparalleled chance to network with colleagues from around the world
  （IFLA のような図書館員の集うところへ）参加することは，世界中の同僚とつながる比類なきチャンスをもたらす。

註

1：2007年に国立新美術館が，2018年に国立フィルムアーカイブが新規開館し，独立行政法人国立美術館は6機関となり，いずれも図書室を有し，後述の ALC へも京都を除き参加している（2019. 9. 23時点）。

2：野崎たみ子「美術図書室の四半世紀」『美術フォーラム21』2000，3，p. 76–79.

3：入手先<https://www.arlisna.org/about/affiliated-organizations>.（参照：2019–09–23）

4：Trevor Fawcett. ART LIBRARIANS, *Library Association Record*. March, 1968. reprinted in 5).

5：Penny Dade comp. *ARLIS at 40: a celebration*. London: ARLIS/UK & Ireland, 2009. ちなみに2019年は A/UK の誕生50周年にあたる。

6：Philip Pacey ed. *Art Library Manual*. London: Bower, 1977. 423p.

7：Trevor Fawcett. The compleat art librarian. *ARLIS Newsletter*. 1975, 22, p. 7–9, 1975. reprinted in *A Reader in Art Librarianship*. München: Saur, 1985.

8：Lois Swan Jones and Sarah Scott Gibson. *Art Libraries and Information Services: Development, Organization and Management*. Orland: Academic Press, 1986. 322p.

9：Joan M. Benedetti ed. *Art Museum Libraries and Librarianship*. A Co-Publication of ARLIS/NA and Scarecrow Press, 2007, 312p.

10：Mona L. Chapin. Jane Wright: Art Librarian. *Art Documentation*, 2008, 27(2), p. 56–58.

11：Paula A. Baxter ed. *International bibliography of art librarianship: an annotated compilation*. München: K.G. Saur, 1987. V, 94p.

12：水谷「ジェーン・ライト（Jane Wright, 1879–1929）ふたたび」『アート・ドキュメンテーション通信』2010，84，p. 14–15. 全訳文の掲載『アート・ドキュメンテーション通信』1989，2，p. 8–10.

13：Mizutani. The new trend to share research materials and information among national art museums in Japan, *ALJ*, 1988, 13(4), p. 11–14.

14：Mizutani. The Japan Art Documentation Society and art librarianship in Japan today, *ALJ*, 14(3), p. 5–6.

15：Itsuo Okubo, Problems in art history documentation in Japan, *ALJ*, 1980, 7(4), p. 25–33. 邦文「日本における美術史ドキュメンテーションの諸問題-1/2」『図書館雑誌』1980. 10–11，75(10–11).

16：ヤン・ファン・デル・ワテレン著，横溝廣子訳「アート・ドキュメンテーション研究会第4回講演会：美術館情報処理システムの諸問題：ヴィクトリア・アンド・アルバート美術館を中心に」『アート・ドキュメンテーション研究』1994，3, p. 3–11. 原題：Some issues in data management systems in museums and libraries: experiences in the Victoria and Albert Museum.

17：Clive Phillpot. National Art Libraries: Monoliths of Artless?, *ALJ*, 1988, 13(1), p. 4–8. Text of a paper presented to the IFLA Section of Art Libraries at Brighton, August 1987.

18：入手先<https://artdiscovery.net/>（参照：2019–09–23）

19：入手先<https://www.getty.edu/research/institute/development_collaborations/fab/>.（参照：2019–09–23）

20：[無署名]『[国立新美術館設立] 準備室ニュース』2005. 3，2，p. [5].

21：日外アソシエーツ編集『展覧会カタログ総覧』日外アソシエーツ，2009，2分冊.

22：高階秀爾「〈新美術時評〉残るのは“カタログ”」『新美新聞』1991，623，p. 7.

23：水谷「本館の情報資料活動」『東京国立近代美術館60年史』東京国立近代美術館, 2012. p. 159–168. 本書に第1部第2章として収録。
なお，2019年夏時点の東京国立近代美術館アートライブラリの現況は下記文献に詳述。
長名大地「東京国立近代美術館における図書館業務：美術館と図書館との連携への展望について」『大学図書館研究』2019，112，p. 2039–1–2039–12.

24：Margaret Shaw. Twenty-five years of international art library co-operation: the IFLA Art Libraries Section. *ALJ*, 2007, 32(3), p. 4–10.

本稿は，特集「博物館・美術館の図書室をめぐって」（日本図書館協会発行『現代の図書館』vol. 57，no. 3，2019）の巻頭拙稿の標題などに一部加筆修正したものである。再録掲載をご許可くださいましたJLAほか関係各位に感謝いたします。

第2章
東京国立近代美術館本館の情報資料活動

1．はじめに

60周年を迎える当館においては，本館美術館のアートライブラリ，工芸館の図書閲覧室，FCの図書室とがあり，公開の図書室は3カ所において機能している。いずれも同一の図書館システム（リコー社製Limedio）を館内LANを介して業務活用し，WebにOPAC（Online Public Access Catalog）を公開するとともに，国立情報学研究所(NII)の目録所在情報サービス(NACSIS-CAT)に参加している。いずれも美術・工芸・映画の主題専門図書館として，国内有数の蔵書コレクションとともに，その存在は広く認知され，活用されている。また，横浜および都内の主要美術館・博物館の公開OPACを横断検索するシステムのための，情報連携コンソーシアム「美術図書館連絡会ALC」(Art Libraries' Consortium)の組織にあたっても，当館は先導的役割を果たしてきた。

本館美術館のアートライブラリの機能は，主として2002(平成14)年1月，本館美術館のリニューアルの一環によって，アートライブラリが公開開室されたその前後に開発されたものである。もちろん蔵書コレクションをはじめ種々の蓄積は，それ以前の，およそ半世紀の歴史を基礎として築かれたものであるが，その道程は，必ずしも平坦なものとは言い難いものであった。

2．ライブラリの空間を求めて

旧日活本社ビルから始まる国立近代美術館は開館5年目の1957(昭和32)年にして，第一期増改築工事に着手している。展示面積が60%増の成果を残したこの工事の完成予定略図が『現代の眼』(No. 38，1958. 1)に記録されている。

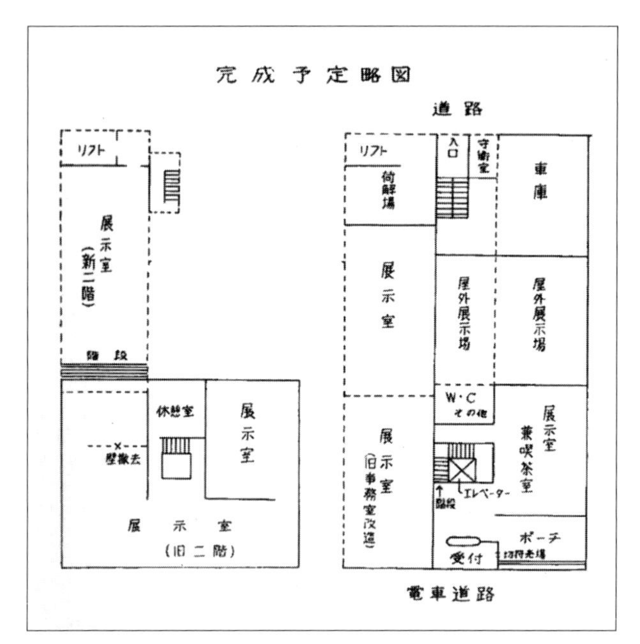

図1　左は「完成予定略図」『現代の眼』No. 78，1961. 5，p. 6. から，右は『現代の眼』No. 91，1962. 6，p. 6. の「増改築工事の概要」から，図書室は破線で示され，実現が見送られたことが示されている

ここに図書室あるいは書庫の文字はないが，第二期の増改築工事を計画していた1961（昭和36）年5月の『現代の眼』（78号）には「完成予定略図」（図1）が載り，はじめて図書室の文字のある図面が現れて，「一八坪の図書室，二〇坪のフィルム倉庫が増設される」と記されている。しかしながら，結果は当該『年報』の記述の通り，このプランは実現してはいない[1]。

今回の増改築工事で図書室は5階の旧宿直室跡に，講堂に連絡するものとして新設を予定され，完成した場合には公開美術ライブラリーとして一般の閲覧に供する目標であったが，年度中途における建築資材，労務賃金等の値上がりによる設計変更の折衝の際，残念ながら新設案を今回の全体計画からはずさざるをえないものとなった[2]。

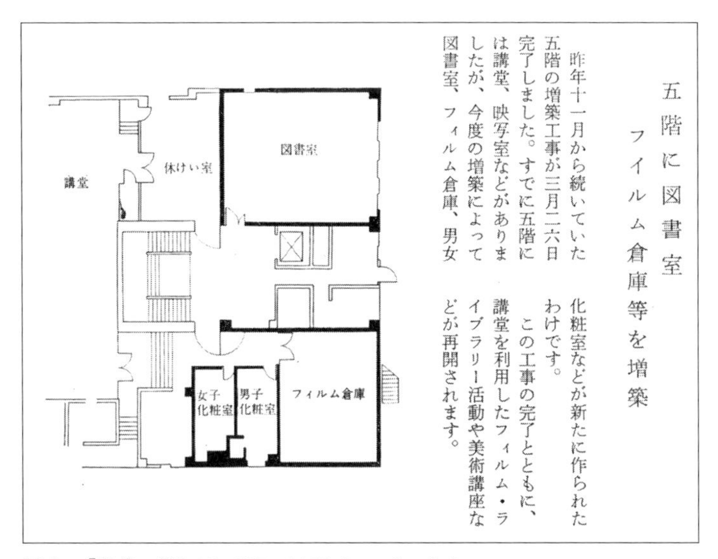

五階に図書室

フィルム倉庫等を増築

昨年十一月から続いていた五階の増築工事が三月二六日完了しました。すでに五階には講堂、映写室などがありましたが、今度の増築によって図書室、フィルム倉庫、男女化粧室などが新たに作られたわけです。

この工事の完了とともに、講堂を利用したフィルム・ライブラリー活動や美術講座などが再開されます。

図２　『現代の眼』No. 125, 1965. 4, p. 8. から

このように日本初の美術館の中の公開美術図書室が誕生する機会は失われたが，『年報』には「しかし公開図書室としての目標には何ら変わりがない」[3]とその意思の継続を示している。ちなみに日本で最初の美術館の中の公開図書室は，東京都美術館の美術図書室（1976）が嚆矢とされる。

1965（昭和40）年度の『年報』において，「図書室が５階にできて，蔵書や資料類がやっと納まるべき所を得たことが，本年度最大の慶事であった」[4]と記され，また同年４月刊の『現代の眼』（No. 125, p. 8.）には，図２の通り，「五階に図書室　フィルム倉庫等を増築」の記事が載っている。しかしながら，以後『年報』等の記録のいずれにおいても，美術館の図書室の公開および閲覧についての言及は一切ない。京橋から竹橋へ移転した1969（昭和44）年以後も同様であり，1965-2001年まで，本館美術館には書庫はあったものの公開の美術図書室（アートライブラリ）が誕生するのは，冒頭の通り，2002年１月を待つことになる[5]。

3．資料収集の沿革

『年報』の初号は，開館後5年経っての1957（昭和32）年1月に，1952–55（昭和27–30）年度をまとめて刊行されているが，その「図書その他の資料」のページには，「美術関係の内外図書その他の資料の収集に当たっては，近い将来に美術ライブラリーとして発足することを期し，鋭意その充実に努めている」[6]と書かれている。

初年度から4年間の収集書目は国内出版物714冊，洋書232冊，寄贈及交換による資料2,306冊と報告されており，在日米国大使館からの寄贈も含んでいた。1957年度の『年報』においては，海外約200の美術館，研究機関よりの交換資料を受け入れており，今日に続く国内外関係諸機関との寄贈交換業務が開館後間もなくから始まっていたことが確認される。

関連して特筆すべきは，1973（昭和48）年度にニューヨーク近代美術館国際協議会（International Council）の図書室海外計画（Library Overseas Program）に基づき213点の図書を受け入れたことである。その展覧会目録を除く書目は，当該『年報』に細目が残されている[7]。

1987（昭和62）年度には，補正予算の割り当てによりカタログ・レゾネを中心に1,295点（1,518冊）を購入し，通常資料予算では補填の難しい高額洋書の受入整備を大きく前進させ，以後も近現代美術の類書の収集につとめている。もう一つの重要期は，1998（平成10）年以後，美術館リニューアルとアートライブラリの開設準備の期間において，欠けている分野の美術書を集中的に補填購入したことである。

1993（平成5）年には，岸田劉生関係資料の遺贈があり，重要な岸田劉生アーカイヴをアートライブラリが持つことになるが，その詳細は「7．アーカイヴとエフェメラおよび貴重書」において述べる。

4．書誌および年譜等編纂事業

京橋時代から竹橋へ移って以後も，公開美術図書室としての機能を十全に持つことはなかったが，さまざまな工夫とルートを開発しながら，美術関係文献の紹介と情報の提供に尽くしたことの例として，書誌および年譜等の編纂事業が挙げられる。

当館のニュース誌『現代の眼』は開館２年後の1954（昭和29）年12月に創刊するが，その初号から「美術閲覧室」と題するコラムが連載され，「各国美術雑誌紹介」から始まっている[8]。また「近代日本美術家の文献紹介」はシリーズ化されるなど，作家文献の探索ツールの試みが重ねられた。

同シリーズの第４回「黒田清輝」[9]を担当した土屋悦郎（故人）は，1954年以来当館に奉職し，企画・資料課資料係長（主任研究官）の任に長くあって，当館の発行カタログおよび出版社企画の美術書に多くの，主として日本近現代美術家の書誌および年譜の編著者として多くの業績を挙げている[10]。氏の書誌および年譜作成についての倫理的姿勢は，『現代の眼』に掲載の下記文献に詳しいので，是非とも参照されたい。

「美術ノート　典拠文献」No. 181，1969. 12，p. 6；「美術ノート　年譜をつくる」No. 219，1973. 2，p. 4.

５．美術情報システムの構築

美術研究の場にコンピュータ導入の先鞭をつけたのは，1985（昭和60）年，東京国立文化財研究所美術部・情報資料部が２年間継続した，文部省科学研究費補助金（試験研究（2））「美術史学における多角的情報処理システムの開発」であろう。

同年10月には，大和文華館が開館25周年を記念して，コンピュータ導入による美術研究システムの構築をスタートさせ，1986–87（昭和61–62）年には文化庁施設等機関である３国立博物館，２国立文化財研究所，４国立美術館により２年間継続の文部省研究費補助金（特定研究（1））「国立の博物館・美術館資料に関する情報処理ネットワークシステムの整備に関する調査研究」が，1988–89（昭和63–64）年には文部省科学研究費補助金（特定研究（1））「博物館・美術館資料に関する情報交換のためのプロトコル研究」が組まれており，当館はじめ国立美術館の現場にPC，多くはNEC/PC98シリーズが配置されていった。

日仏美術学会は，1986年10月の全国大会において，「美術研究と情報処理 ―コンピュータによる画像・文献処理はどこまで可能か」（於，日仏会館）を開き，1988年7月に美術史学会東支部が「美術史研究とコンピュータ」（於，東京藝術大学）と題した例会を開いている。

また，直接にはアートライブラリの文脈から1989（平成元）年4月に誕生したアート・ドキュメンテーション学会（発足時研究会）も，当初より作品・画像情報への関心を含み，幅広く美術情報にかかわる研究会活動を展開している。

文化庁施設等機関である3国立博物館，2国立文化財研究所，4国立美術館が，今日のインターネット社会へ対応する取っかかりは，1995（平成7）年度に予算組みされた「文化財情報システム・美術情報システムの整備」による。

当館においても同年9月に学術情報ネットワーク（sinet）に接続して，10月には東京国立近代美術館ホームページ（http://www.momat.go.jp）を開設しており，最初の展覧会サイトは辰野登恵子展であった[11]。

当初より竹橋の本館美術館，北の丸公園の工芸館，京橋FC，相模原分館をLANで結び本館4階に急設のサーバ室からsinetへの回線を保持しながら，あわせて美術館・工芸館の所蔵作品管理システム，映画フィルム管理システム，図書館システム，Webサーバ，メールサーバの構築運営を同時進行させた。

翌1996（平成8）年度には，「インターネット版展覧会カタログ」として「岸田劉生　所蔵作品と資料の展示」[12]を新設し，館内においては来館者向け情報提供端末を設置するが，いずれも業務システムである所蔵作品管理システムとの連動において，「ワン・ソース，マルチ・ユース（one source, multi use）」を念頭に開発を進めることによって，少ないマンパワーで効率的情報発信を狙った現れである。

この間，文化庁および国立博物館，美術館で構築を試みた「文化財情報システム・美術情報システム」の「共通索引システム」に参加協力したが，これは2004（平成16）年3月1日をもって「文化遺産オンライン」へと発展的に解消された[13]。

図書館システムについては，NEC/PC98で稼動のスタンドアロンの簡易システム，ブレインテック社の情報館から，日立社製のサーバ・クライアント・システムのAtheneumに遷移して，その間，1996年7月17日付けで国立情報学研究所（NII）目録所在情報サービス（NACSIS-CAT）の第462番目の参加館となり（参加組織レコードID：FA016365），本館（3），工芸館（2），FC（3）の計8の担当者登録を行って，本格的な遡及入力に入っている。

2000（平成12）年度において，図書館システムは2002（平成14）年の本館美術館アートライブラリの開室を想定して，OPACの向上，特に全文提供および目次検索システムなど電子図書館的機能を装着することを前提に，リコー社製Limedioに全面的に移行した。

6．アートライブラリの開室と多角的美術情報提供システムの展開

6.1　アートライブラリの開室と公開

本館美術館は1999（平成11）年7月をもって工事休館に入り，本館職員は京橋FCに仮住まいしたが，資料担当者は事務補佐員（司書），遡及入力の業務委託者とともに，一切の蔵書をもって，三菱倉庫（ゆりかもめ線芝浦ふ頭駅前）内に芝浦分室を開いて，2001（平成13）年10月末日までアートライブラリの開室へ向けての準備，特に展覧会カタログの遡及入力作業に専心した。

2002（平成14）年1月16日に本館美術館のアートライブラリは2階，国立公文書館に隣接して，レストラン前の奥まった位置に開室した（図3）。当初は火～金曜日の10:30-17:00に開室。2003（平成15）年1月11日より現在は，火～土曜日同時刻に開室している。時同じくして東京国立近代美術館3室の蔵書検索OPACをインターネットへ公開した。

表1と表2は開室年度および2011（平成23）年度末の蔵書統計である。開室後の蔵書の急増ぶりが明白である。

6.2　ALCの創設と美術館図書室の相互協力

1976（昭和51）年の東京都美術館美術図書室の開室後，公開の図書室を持つ美術館が徐々に増えているが，開館した1989（平成元）年当時，圧倒的ボリューム感をもって美術館の中のライブラリの存在を顕示したのは，横浜美術館の美術図書室（現，美術情報センター）であった。その後，横浜美術館はいち早く

図3　東京国立近代美術館アートライブラリ室内　撮影：上野則弘

1999（平成11）年にOPACをインターネットへ公開している。

2003（平成15）年9月には，東京都美術館美術図書室の蔵書を移管して1995（平成7）年に開室した東京都現代美術館美術図書室もOPACの公開を果たしている。この2つの美術図書室と東京国立近代美術館の3図書室からなる3館5室の全蔵書を横断的に検索するサイトが，コンソーシアム「美術図書館連絡会ALC」（Art Libraries' Consortium）によって誕生した[14]。

以後，残念ながら東海以西の主要美術館図書室の参加は得られていないが，図4のように2011（平成23）年7月の神奈川県立近代美術館の参加によって，ALCは9館11室にまで拡大している。その過程で，ALCの活動は，2007（平成19）年に第1回野上紘子記念アート・ドキュメンテーション学会推進賞受賞している[15]。

2007年1月，六本木に独立行政法人国立美術館の5番目の館として誕生した国立新美術館は活動の柱の一つに「情報収集・提供事業　人と情報をつなぎ，文化遺産としての資料を収集・公開する美術館」を掲げて開館した。当然のことながら館内に公開の美術図書室を開設しているが，その図書館システムは東

表1　アートライブラリ開室時の蔵書および開室日数

2002（平成14年3月31日時点）	購入	寄贈	計	累積			
和図書	189	416	605	15,658	冊	65,066	冊
洋図書	98	77	175	6,216	冊		
国内カタログ	0	1,367	1,367	23,871	冊		
海外カタログ	55	766	821	19,321	冊		
遡及入力・国内カタログ			4,301		冊		
遡及入力・海外カタログ			4,242		冊		
和雑誌				1,489	誌	1,660	誌
洋雑誌				171	誌		
アートライブラリ開室日数　2002.1.16-2002.3.31						34	日

表2　開室後のアートライブラリの蔵書および開室日数

2012（平成24年3月31日時点）	購入	寄贈	計	累積			
和図書	319	848	1,167	27,249	冊	119,097	冊
洋図書	101	175	276	11,424	冊		
国内カタログ	14	2,227	2,241	50,894	冊		
海外カタログ	68	387	455	29,530	冊		
遡及入力・国内カタログ			10		冊		
遡及入力・海外カタログ			2		冊		
和雑誌			107	3,442	誌	4,439	誌
洋雑誌			43	997	誌		
アートライブラリ開室日数　2011.4.1-2012.3.31						219	日

京国立近代美術館のそれを共用し，書誌情報の作成において共同分担を図っている。その効果として，ALC における横断検索対象の OPAC も東京国立近代美術館＋国立新美術館の合同 OPAC として2007年1月に刷新されている。

ALC 参加館は展覧会の開催とほぼ同時に，展覧会カタログの即時寄贈交換を行っており，参加館においては常に ALC 8 館の最新の開催展カタログを閲覧できることは，展覧会情報の速報性を増すだけではなく，来館者への広報から来館誘導という点でも，大きな効果を果たしている。

2009（平成21）年1月には，ALC 参加館の所蔵展覧会カタログの総合目録と

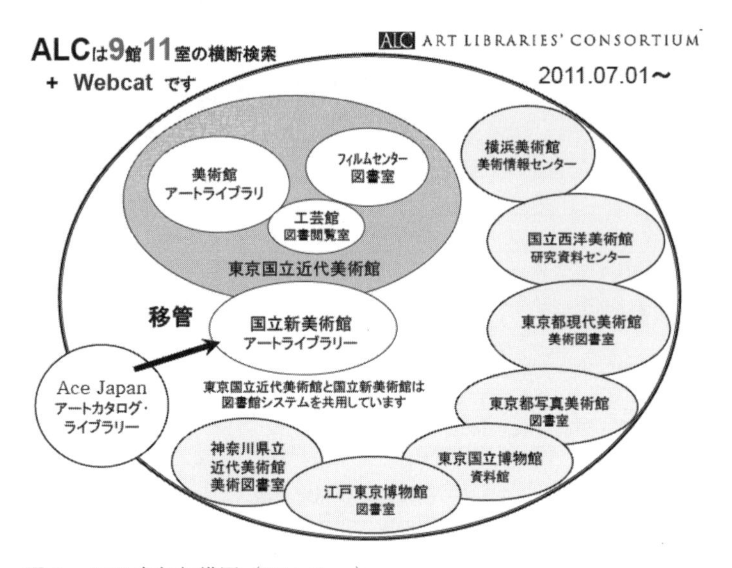

図4　ALC参加組織図（2011. 7-　）

図5　『展覧会カタログ総覧』日外アソシエーツ，2009.

して二分冊1,747頁におよぶ『展覧会カタログ総覧』が日外アソシエーツから刊行されたことの意義も大きい（図5）。

6.3　電子的リソースの導入

アートライブラリにおいてはその開室の前から，いわゆる美術専門の抄録・索引誌（冊子体）の購入を継続してきた。それは，*Art Index*, ABM（*Art Bibliographies Modern*），RILA（*Répertoire International de la Littérature de l'Art*），BHA（*Bibliography of History of Art*）に代表されるものであるが[16]，いずれも2002（平成14）年の開室時において，Web経由でのオンライン検索のサービスが提供されており，上記に加え，DAAI（*Design and Applied Arts Index*），*Avery Index to Architectural Periodicals* あるいはOAO（Oxford Art Online）を契約して，利用提供を行って

いる。

また，2008（平成20）年以降はJSTOR（米国非営利公益法人による美術雑誌80タイトル以上を含む学術雑誌論文アーカイヴ）を導入して，貴重かつ入手困難な美術雑誌のバックナンバーの全文提供と書架狭隘の一助として，収録タイトル誌を閉架第二書架（芝浦の三菱倉庫内）に退避させることを行っている。

6.4　多角的美術情報提供システムの展開

前記「5．美術情報システムの構築」の通り，1995（平成7）年に始まる「文化財情報システム・美術情報システムの整備」から国立美術館各館は，所蔵作品管理システムの開発と作品のテキストおよび画像のデジタルデータの蓄積に傾注しており，その蓄積されたデータの公開は，各館それぞれに試行的に行われていた。

2001（平成13）年の独立行政法人化に伴い，法人国立美術館全体としての活動を可視化させる意味からも，開催展覧会の一覧表示を含んで独立行政法人国立美術館のサイトを立ち上げ，ポータルサイトとしての機能を果たすことを目指してきた[17]。

国立美術館の基幹的情報提供として，所蔵作品を持つ4館の全所蔵作品の基本テキストデータを公開し，著作権許諾を得られたものから順次，画像公開を進めているのが，独立行政法人国立美術館所蔵作品総合目録検索システム（Union Catalog of the Collections of the National Art Museums, Japan）である[18]。本システムは2005（平成17）年3月1日に試行版を公開，翌2006（平成18）年1月31日に本版を公開，2012（平成24）年3月16日時点で，本館美術館の公開作品データ10,239件，同公開画像データ6,688件，工芸館の公開作品データ3,049件，同公開画像データ383件となっている[19]。

また，国立新美術館の情報収集・提供事業の一環として，展覧会情報検索のためのアートコモンズ（AC）[20]が開館以来公開されている。このような国立美術館の公開情報資源を横断的に検索開示するシステムとして，図書情報［東京国立近代美術館＋国立新美術館 OPAC］＋作品情報［国立美術館所蔵作品総合目録検索システム］＋展覧会情報［国立新美術館 AC］を国立情報学研究所連想情報学研究開発センター（センター長高野明彦教授）との共同開発によっ

図6　国立美術館版「想 ― IMAGINE Arts」(2009. 3-　)
http://imagine.artmuseums.go.jp/index.jsp

て，国立美術館版「想 ― IMAGINE Arts」を公開している（2009年3月，図6）[21]。

あわせてよりフレンドリーなインターフェースをもって，所蔵作品への理解を促す試みとして2007（平成19）年に国立美術館版「遊歩館」[22]を公開し，これは翌年，グッドデザイン賞（財団法人日本産業デザイン振興会）を受賞している。これもまた連想情報学研究開発センターと当館情報資料室および法人本部情報企画室との共同によって進められた多角的情報提供システムの展開の成果の一つである[23]。

7．アーカイヴとエフェメラおよび貴重書

『現代の眼』523号は2000（平成12）年8月に特集「アート・アーカイヴ」を組んで，5名の執筆者により近代美術，工芸，文学にわたってアート・アーカイヴへの今日的取り組みの一端を紹介している。特集冒頭において，「アート・アーカイヴ（art archives）を作品と公刊，活字化された図書・文献との〈あ

図７　「岸田劉生　作品と資料の展示」(1996. 6. 1–7. 7)

わい〉にあるものと定義」[24]している（本書第３部第10章第１篇として再録)。

このようなアーカイヴは，当館開館以来，意識の有無はともかく，多種多様に蓄積されてきたものである。折りしも慶應義塾大学のアート・センターに瀧口修造アーカイヴ，ノグチ・ルームアーカイヴなどの構築が進み（アート・センターの開設は1993年)，アート・アーカイヴへの関心とその理論構築が進む中，当館においても1993（平成５）年，岸田劉生の御子息故鶴之助氏より600点を越す劉生関係資料が遺贈された。

およそ３年の年月をかけて関係資料の目録が刊行されるとともに，1996（平成８）年６–７月，すでに所蔵の劉生作品とあわせて，油彩，水彩，画稿等作品と並んで日記，手帳，書簡，写真，自筆原稿等のアーカイヴと装幀本，旧蔵書などの図書が展示された（図７)。

今日広く議論の的となっているMLA連携［Museum, Library, Archivesの連携］が，現実の展示空間において現出され，以後，美術館の情報資料活動の重要な課題として，「ミュージアムの中のアーカイヴ」の保全と構築が自覚される重要な契機となった。

展示とともに刊行された目録は，『東京国立近代美術館所蔵品目録　岸田劉

図8a　エフェメラ（作家ファイル事例）

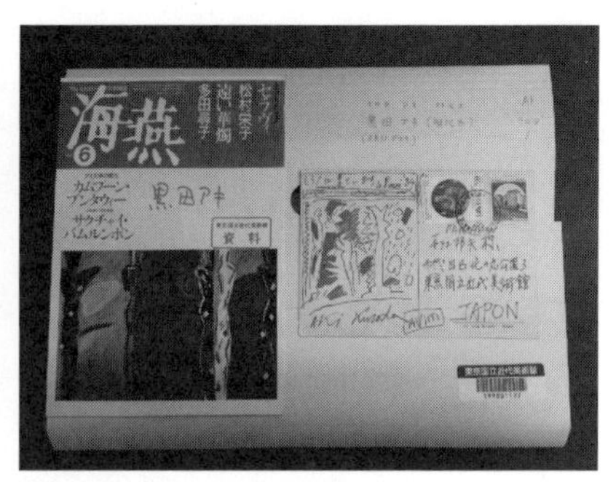

図8b　エフェメラ（作家ファイル事例）

生　作品と資料』であり，英題目は *Ryusei Kishida Works and Archives* としているが，これは美術館の所蔵品目録の題目に“Archives”を用いた嚆矢であると考えられる。

アーカイヴが作品と図書との〈あわい〉にあるものとするならば，はかなく零れ落ち常に散逸しつづける活字印刷資料がエフェメラ（ephemera，語源：蜉蝣（かげろう））であろう。展覧会案内の膨大な葉書DM，チラシ，ポスター，クリッピング等々，美術館は片々たる活字印刷資料の海の中にある。それらは「今日のエフェメラは，明日の歴史記録（Today's Ephemera, Tomorrow's Historical Documentation）」[25]と言われるように，近現代美術にとって他に得られない情報を運ぶ重要なメディアである。しかしながらその管理については煩瑣を極めるとともに，明確な整理指針がなかったが，ニューヨーク近代美術館のライブラリの事例をもとに[26]，まず所蔵作家のエフェメラをファイル化することによって利用アクセスの整備につながるよう2002（平成14）年のアートライブラリの開室以来取り組んでいる（図8a，b）[27]。

岸田劉生関連資料とともにアートライブラリの貴重書として挙げるべきは，故藤田嗣治未亡人君代氏より寄贈された藤田嗣治旧蔵資料約900点である。2011（平成23）年にはOPACでの検索が可能になっており，2012（平成24）年度中にはその全リストをWeb公開の予定でいる[28]。

すでにこのコレクションを活用して，新書『藤田嗣治　本の仕事』[29]が刊行され，2012年には，北海道立近代美術館，渋谷区立松濤美術館巡回の「藤田嗣

治と愛書都市パリ ― 花ひらく挿絵本の世紀」展へ多数が出品されている。

8．課題と展望

以上は，現状を踏まえた当館アートライブラリの歴史と概要である。今後の課題として，以下5点を挙げておきたい。

1．ライブラリの実務担当者である事務補佐員(司書職)の安定的人員の配置
2．事務補佐員（司書職）のIT技術を含む恒常的研修機会の確保
3．書架狭隘環境の改善
4．ALCをはじめとする関連諸機関との連携強化
5．国立美術館全体の蔵書構築の見直し

2012（平成24）年は東京国立近代美術館の60周年であるとともに美術館および工芸館のアートライブラリ，図書閲覧室の10周年である。表1－2の通り，急速な蔵書量の増大は関連諸機関からの寄贈等支援によるところが大きい。今後ともこの貴重な研究資料資源の一層有効な活用が拓かれるよう，特に上記の5点に留意しつつ，情報資料活動を美術館機能の一翼に明確に位置づけつつ，歩を進めたいものと考えている。

註
1：第二期の増改築工事については，『現代の眼』1961. 5，78，p. 5．および1962. 6，91，p. 6．に記録があり，そこには図書室の計画とその見送りの様子が図2の通り図示されている。
2：『国立近代美術館年報　昭和36年度』1962. 3，p. 54.
3：『国立近代美術館年報　昭和36年度』1962. 3，p. 54.
4：『国立近代美術館年報　昭和40年度』1966. 9，p. 52.
5：『東京国立近代美術館の新営』（石橋正二郎，1970）ほかに図示される竹橋の新館図面に図書室は見つけられない。同書［p. 67］の3Fには8＝書庫の図示はあるものの，同書の最終図面［p. 208］にはそれすらも消えている。実際のところは，4階学芸室の屋根裏に書架が配され，1985（昭和60）年以降，同じく4階バックヤードほかに集密書架が設置され，増える蔵書の収納にからくも対応したが，閲覧公開のための空間は望むべくもなかった。

アートライブラリの開室当初については，水谷「開室したアートライブラリについて」『現代の眼』2002. 4-5，533，p. 15. を参照されたい。
6：『国立近代美術館年報　昭和27-30年度版』1957. 1，p. 140.
7：『東京国立近代美術館年報　昭和48年度』1975. 2，p. 41-46.
8：創刊号（1954. 12）のコラム「美術閲覧室」の末尾には，「図書閲覧室について」という記事が添えられ，「ささやかながら，雑誌閲覧室が開放されたのは喜ばしい（展覧会の会期中，毎週火－金曜日）……利用できるのは当分友の会会員に限られる」とある。
9：土屋「近代日本美術家の文献紹介（4）　黒田清輝」『現代の眼』1964. 1，110，p. 6.
10：恵光院白編「土屋悦郎氏著編目録（稿）」『文献探索　1997』深井人詩編，文献探索研究会，1998. 3，p. 44-55.
11：http://www.momat.go.jp/tatsuno.html
12：http://www.momat.go.jp/Kishida/catalog1.html
13：「文化財情報システムフォーラムの発展的解消について」http://www.tnm.jp/bnca/「文化遺産オンライン」の正式公開は2008（平成20）年3月26日 http://bunka.nii.ac.jp/Index.do　上記 URL から分かるように NII との共同開発による。
14：http://alc.opac.jp/
15：http://www.jads.org/news/2007/0624.pdf
16：冊子体購入当時の美術専門抄録・索引誌の動向については，水谷「美術研究における抄録・索引誌の動向 ― BHA の創刊をめぐって」『ファッションドキュメンテーション』1992，2，p. 39-54. に詳しい。
17：http://www.artmuseums.go.jp/
18：http://search.artmuseums.go.jp/
19：「独立行政法人国立美術館4館所蔵作品総合目録掲載状況統計　2012. 3. 16」http://search.artmuseums.go.jp/gaiyou/20120316.html
20：http://ac.nact.jp/index.php
21：http://imagine.artmuseums.go.jp/index.jsp
22：http://search.artmuseums.go.jp/yuuhokan/
23：多角的美術情報提供システムの展開および美術情報の連携については下記文献を参照されたい。
水谷，室屋泰三，丸川雄三「独立行政法人国立美術館における情報〈連携〉の試み ― 美術館情報資源の利活用試案ならびに他関連機構との連携について」『東京国立近代美術館研究紀要』2008，12，p. 5-26，93.
特集「〈連携〉する美術情報」『現代の眼』2009. 6-7，576，p. 2-6.
水谷「〈連携〉する美術館図書室（アートライブラリ）：『展覧会カタログ総覧』から見るアートライブラリの展開と課題」p. 2-3.
丸川雄三（国立情報学研究所特任准教授，国立美術館情報企画室客員研究員）「国立美術館版「想 ― IMAGINE」の開発」p. 4-5.
柴田昌樹（国立国会図書館関西館電子図書館主査）「国立美術館所蔵作品総合目録検索システムと国立国会図書館デジタルアーカイブポータル（PORTA）との連携」

p. 5.
佐藤毅彦（国立国会図書館関西館電子図書館課長）「MLA 連携に向けた国立国会図書館の取組み」p. 6.

24：水谷「特集［アート・アーカイヴ］にあたって」『現代の眼』2000. 8–9, 523, p. 2.

25：Wilson, Terrie L. and Erika Dowel, “Today's Ephemera, Tomorrow's Historical Documentation”, *Digital image and art libraries in the twenty first century*, Haworth Information Pr., 2003, p. 43–60.

26：主に次の文献を参照。Starr, Daniel（Technical Services and Planning, Library, The Museum of Modern Art, New York）. “Cataloging artist files: one library's approach to providing integrated access to ephemeral material”, 66th IFLA, Jerusalem, 2000. http://archive.ifla.org/IV/ifla66/papers/068-165e.htm

27：アートライブラリの開室以来のアート・アーカイヴおよびエフェメラへの取り組みについては，『ART ARCHIVES-one　継承と活用：アート・アーカイヴの「ある」ところ　記録集』（Art Archives Project, 2012. 1）所収の「基調報告４」（水谷）p. 25–32. に詳しい。

28：http://www.momat.go.jp/art-library/rare/Foujita

29：林洋子『集英社新書　ヴィジュアル版』2011. 253p.
同書ならびに藤田嗣治『地を泳ぐ』(1937)，庄司浅水『奇本・珍本・本の虫』(1954) において言及のある「人皮製の珍書」は，この寄贈書中に含まれていた。外装が人皮であることは，2011（平成23）年９月20日，慶應義塾大学医学部法医学教室により鑑定されている。

以上の URL はいずれも2012年５月２日参照。

第3章　第1部のための補論　第1篇

一年前の夏，IFLA 東京大会をふり返って

美術図書館分科会を中心に

昨年夏の暑い一週間，ほぼ全日にわたり通いつめたIFLA 東京大会から，はや一年以上の日々が過ぎ，大会期間中に入手し得た膨大なレジュメ・パンフレット等の資料も，後日再びじっくり目を通し，整理されることなく仕舞い込んだままにしていた。

今，ライブラリアン・クラブの会誌にIFLA 東京大会，わけても，わずかながらも受動的にではなく参加出来たといえる「美術図書館分科会」について書くにあたって，もう一度それらの資料を机の上にひろげてみると，ライブラリアンとしての仕事を始めてわずか二年目の夏に，東京でのIFLA 大会に参加できたことが，どれほどに大きな幸運と実りであったか，いまさらながら深く思い至るのである。

さて，IFLA 東京大会での美術図書館分科会について書く前に，Art Library ― 美術図書館あるいは美術図書室 ― というものが，言葉としても概念としても未だ日本において耳新しく，数奇なものであるかもしれない，という不安を覚える。

図書館（室）の収集し，取り扱う資料が，主として或る一定領域の，専門的なものである場合，対象資料の有する専門性の類似する図書館が相互に連絡をとり，一つの組織が形成されるということは往々にしてあることで，現に，日本農学図書館協議会，音楽図書館協議会等が存在している。それらは，図書館の設置される組織的基盤や条件にかかわらず，その館種の壁を超えて，農学あるいは音楽という対象領域（これまた主題としては大層広いながら）の専門性故に成り立ち，会としての大きな成果をあげていると聞く。

一方このような組織は，今のところ美術の分野については，その設立を聞かない。設立の困難さというようなものが，美術の世界に特にあるのかもしれない。この問題を考えることはさておき，逆説的ながら，日本において，美術図

書館協議会（?）といった組織の不在という事実が，美術図書館という言葉あるいはその概念の不明，不在を証明しているように思えてならない。

以上のような日本の状況にあって，IFLA 東京大会の多くの分科会の一つに，「美術図書館分科会」もまたその名を連ねることになったが，さて困った。それを準備する組織としての受け皿がないのである。

IFLA 東京大会の三カ月前，目に青葉の季節，武蔵野美術大学美術資料図書館の次長をされている大久保逸雄氏の呼びかけで，表参道は青山荘に美術図書館分科会を準備する会合が開かれた。大久保氏は，1979（昭和54）年10月号の『図書館雑誌』に「美術・デザイン領域の専門図書館」を，また，1980年のマニラでのIFLA 大会では，Problems in art history documentation in Japan と題して発表，後日，*Art Libraries Journal*, vol. 15 no. 4, Winter 1980に同題で掲載されるなど，日本における美術関係の図書館の全体像を最も良く視野におさめ，語り得る人であり，勤務される美術資料図書館のユニークなコレクション，特にポスターの収集を組織的に実現した人である。

この日の会合で，大久保氏を含む日本側から二人，外国から三人のレポート発表，分科会当日の午前をスタディ・ツアーとして設定，ツアーと分科会の中間，昼食時にこどもの城の一室にて歓迎のための簡単なレセプションを開くことなどが決められた。

以下，1986年8月26日，分科会当日の様子を述べる前に，IFLA 大会に美術図書館の分科会が，東京のみならず常に開催されている背景，特に欧米でのARLIS（ARt LIbraries Society）の活動の様子などを簡単に述べておいた方が良いだろう。

少々，大袈裟なあるいは粗雑にすぎる表現になろうが，近代以降の博物館・美術館の発展を考える時，欧米と日本の場合，大きく異なる点が一つある。欧米での博物館・美術館の設立及び発達には，一つには近代市民革命の成果としてその原因があるということである。市民革命以前の文化財，主として美術工芸品は，その多くが権力者である国王・貴族の専有物であったが，市民革命はその社会変革に伴い，一部権力者の持つ美術工芸品を国民の持つ宝へと変えることに成功する。国民意識の源泉としての博物館・美術館，啓蒙思想の具体的教育の場としての博物館・美術館づくりが展開されてきた。

博物館・美術館は，敷居の高い特別な聖域であるよりも，まず第一に自らの歴史と文化を目のあたりに見て，そして学ぶ場として捉えられている。一方，日本においては，帝室博物館であった時代がなんと長く，貴重なお宝ものを拝見させていただくという風土がなんと根深いことだろう。

幼い生徒を美術館のフロアにすわらせて，ゆっくりと一つの絵を語り教える先生がいる，こんな風景を欧米の美術館で実見したことのある人も多いはずである。また，美術館の中心に，あるいは少し所をへだてて，規模は小さいかもしれないが，ライブラリが併設されているのが一般である。そこで，見たばかりの絵や彫刻について，活字なり図版を通して更に広く，あるいは深く学ぶことが出来る。博物館・美術館は貴重な文化財の単なる陳列館である以上に，そこは，鑑賞し更に自国の文化を学ぶ場であり，従って当然のごとくライブラリが求められてきた。

今は互いに，独立した組織になっているものの，ロンドンの大英博物館は，そのコレクションの形成の歴史においては，モノとしての美術工芸品と文献資料としての図書が，平行して拡大したのであり，例えば，オックスフォードの街にあるアシュモリアン美術館には，典型的な美術館とそれに附属する美術図書室の共存が見てとれる。このように，博物館・美術館に，形態は多様であれ，ライブラリが存在するのは，たまたまイギリスの話となったが，パリの現代的なポンピドゥー・センターも，ニューヨークの近代美術館やメトロポリタン美術館も根本において同様であり，なんの不思議もない，ひどくあたりまえの風景なのである。IFLA の美術図書館分科会での，Chairperson をつとめられる Ms. Margaret Shaw さんもまた，Australian National Gallery のライブラリで Principal Librarian をされている。

このような歴史と土壌の上に，先述の ARLIS が存在する。ARLIS は，1969年イギリスを中心に組織され，３年後の1972年，北米に波及し，ARLIS/NA (North America)が誕生。1976年，1982年には，各々の機関誌である *Art Libraries Journal, Art Documentation* が刊行され始めている。以後，同様な組織はオーストラリア，ニュージーランド，北欧と各国に広まり，年一度の ARLIS の総会は非常な盛況と報告を受けている。*Art Libraries Journal* もまたその内容を一層充実，発展させるとともに，美術図書館に特有な資料形態の多様性やその組織化の難しさ，あるいは既に始まっている美術史学データベースの形成に対処する方法論を見出しつつある。前置きがすっかり長くなってしまったが，分科会当日の午前８時45分，青山学院大学の臨時バス停留所から，人間国宝小宮康孝氏の伝統的型染め江戸小紋の工房へとスタディ・ツアーは無事スタート。私は，外国からの参加者を優先して，というよりも，バスの来るところをまちがえ，乗り遅れて，皆さん無事に再びこどもの城でのレセプションでお会いできるのを待ち，その間，予定外の二つの分科会に参加。

お昼，予定を大部遅れてバスはこどもの城へ。早速レセプション。多少心配していたもののツアーからついて下さった日本人通訳の方に助けられてなんとか，英語で多くの外国人参加者と話すことができる。先述の Ms. Margaret Shaw さんをはじめ，ニューヨーク近美，メトロポリタン美術館の図書館長，カナダ，フランスのアート・ライブラリアンなどと話すうちに，ARLIS/JAPAN を一日も早く誕生させるよう熱心にすすめられる。この言葉の背景は，午後の分科会で一層はっきりするのであるが。

午後３時すぎ，いよいよ分科会が始まる。五人のスピーカーの氏名と題目は次のようなものであった。

１．大久保逸雄（武蔵野美術大学美術資料図書館）
　　日本のポスター史とドキュメンテーションの現状
２．木村八重子（東京都立中央図書館）
　　草双子の変遷 — 出版美術の視点から
３．M. Dwer（Univ of British Columbia, Canada）
　　カナダ図書館における東アジア言語資料の整理
４．S. Boaden（Library Project Officer, Australian Council）
　　アジア・太平洋地域における芸術分野のネットワーク
５．Nancy S. Allen（Museum of Fine Arts, Boston）
　　日本美術に関する西欧文献の歴史 — 書誌的エッセイ

（１，４，５は，*Art Libraries Journal*, vol, 11 No. 4, 1986に掲載される）

比較的狭い部屋にかなりの人数が出席し，多少窮屈を感じるが，スピーカーはスライドを多用しての発表で，特に日本側二人は，スライドを次々と映す事により日本のポスターと草双子を強く視覚に訴える発表であり，部屋の選択は妥当なものであった。総じて，英語で一方的に報告するという形式に終始したため，内容について更につっこんだ討議はなされないままに時間切れとなった。

様々な意味で示唆に富み，考えさせられ，後日，ペーパーを熟読したのは，なんと言っても Ms. Allen さんの発表である。

北斎の浮世絵版木が見つかって話題を集め，古くは岡倉天心と深い関係にある，ボストン美術館のヘッド・ライブラリアンが訴える言葉は切実である。日本美術に関する欧文文献の貧困さ，そしてその出版の困難なこと，また頼りにできる図書館・情報機関の不在，といった様々な嘆きが聞こえてきた。特に，美術図書館とその横のつながりを維持するための組織の不在を強くつきつけられた感じである。詳しくは，1987（昭和62）年6月号の『図書館雑誌』に大久保氏が書かれた「シリーズ・IFLA 東京大会発表ペーパーを読む⑤国際文化摩擦の一断面 ― ボストン美術館・アレンさんの指摘から学ぶもの」を参照していただきたい。

美術をとりまく世界は，広く多様にして複雑。しかし，ゴッホのひまわり五十何億円とはまた違ったフィールドで，私達のなすべきことがある。ライブラリアンとしてのキャリアがほとんどゼロに等しい時，このような，今後何をすべきか，何をなしえるか，という大きな問いに答えるまでいかなくとも，その問いを我身に設定することの大切さを教えてくれた，東京の夏の終わりの厳しい残暑の一週間だった。

終わりに，私が筑波の地にいて，大変お世話になった佐々木敏雄先生は，IFLA 東京大会の専門図書館部会の代表をつとめられ，青山学院大学の会場でも度々お会いし，閉会式の日のお昼もごいっしょさせていただきました。その日が，お会いしてお話しできた最期の日になろうとは。IFLA 東京大会の閉会式も幕を降ろし，「まっ，お前もがんばれな」と声をかけて下さってお別れした時の先生の笑顔を，今もくり返しくり返し思いおこしています。今月7日，先生が天上へ召されてから早一年，今も先生のお声を聞くようです。

先生，ありがとうございました。

第3章　第1部のための補論　第2篇

ミュージアム・ライブラリの可能性
人と情報のネットワーキングのもとに

1．はじめに — 目黒の記憶

昔，目黒祐天寺の坂下に住んで，油面小学校に通っていたころのこと。楽しみは，目黒不動で毎月28日に開かれる縁日だった。お不動さんの縁日に行くときには，途中必ず，目黒寄生虫館に立ち寄った。怖いもの見たさと生命神秘に触れるようなワンダーランドの感覚があった。後年，創設館長である亀谷了氏の『寄生虫館物語』（ネスコ，1994）を読んでその成り立ちを知ったが，巻末近くに，「次の目標は寄生虫図書館」の見出しのもと，「寄生虫館の図書館へ行けば，寄生虫のことと，僕が一番興味を持っている環境問題に関連する本は何でもあるといわれるくらい充実した図書館にしたい」と書かれてある。現在，一般公開されてはいないものの，そこには基準標本60点を含む４万５千点の標本コレクションとともに５万点を超える文献・図書資料が，地階の資料室に置かれている。ここもまた，ミュージアム・ライブラリの一つといえるだろうし，その類まれなコレクションは，亀谷氏の願いとともに研究者へ開かれている。

2．『博物館白書』と『ミュージアム顧客満足度調査』

５月号の本誌に日本博物館協会の五十嵐専務理事が書かれているように，昨年３月，「博物館の望ましい姿 — 市民と創る新時代博物館」の報告書がまとめられ，「望ましい姿」を目安とする博物館の自己点検・評価を促している。国立博物館，美術館の独立行政法人化もまた，まさにミュージアムの自己点検・外部評価の徹底を進行させている。

2.1　ミュージアムの顧客満足度調査

2002（平成14）年３月，NPO ビュー・コミュニケーションズは，全国主要69館を対象にした『2001年10月度　ミュージアム顧客満足度調査』を刊行している。交通の便から入館料まで，30項目にわたってミュージアムの満足度を調査した結果，館内の「図書館，資料室の有無，充実度」は，総平均69.6に対し，60.8と下から２番目に低い結果となった（最高位は「施設の外観（雰囲気，美観）」の79.3）。

これをもってミュージアムのライブラリが入館者に切望されていると言いきれるかどうかは分からないが，図書資料の開かれた閲覧環境が，ミュージアムの顧客満足度に貢献しえる一要素になることは確かである。

2.2　『博物館白書　平成11年度版』から

では，ミュージアムのライブラリの現状はどのようなものだろうか。以下，いささか古いデータになるが，日本博物館協会は，1997（平成９）年末，調査票を3,449館に配布して，54.1%，1,891館からの回答を得て，1999（平成11）年に『博物館白書』を改訂刊行した。「来館者の利用できる図書室」は32.9%，「調査研究用専用図書室」は40.5%である（博物館全体に対する比率を示すものではない，詳細は表１参照）。

博物館法には，「一般公衆に対して，博物館資料の利用に関し必要な説明，助言，指導等を行い，又は研究室，実験室，工作室，図書室等を設置してこれを利用させること」とあるように，回答館のうち，３割を超す博物館に，来館者が館内で図書を手にできるライブラリが生まれているのである。この数は，予想以上とも言えるし，図書館の側も，ミュージアムのライブラリを公開の専門図書館として，視野に入れ，迎え入れながら，連携の途を探るべきときが来ているのではないだろうか。加えて，博物館法には，「学校，図書館，研究所，公民館等の教育，学術又は文化に関する諸施設と協力し，その活動を援助すること」と明記されている。

表1　博物館における「来館者の利用できる図書室」「調査研究用専用図書室」の設置概要[1]

館種	来館者の利用できる図書室			調査研究用専用図書室			アンケート全体の		
	回答館数	図書室有り	%	回答館数	図書室有り	%	配布館数	回答館数	%
総合	*80*	*26*	*32.5*	*68*	*30*	*44.1*	137	96	70.1
郷土	*125*	*32*	25.6	*83*	*18*	21.7	478	273	57.1
美術館	*223*	*71*	*31.8*	*143*	*87*	*60.8*	712	349	49.0
歴史	*513*	*171*	33.3	*308*	*133*	43.2	1,540	843	54.7
自然史	*80*	*25*	31.3	*46*	*14*	*30.4*	160	95	59.4
理工	*94*	*43*	45.7	*37*	*8*	*21.6*	159	101	63.5
動物園	*29*	11	37.9	34	4	11.8	76	42	55.3
水族館	*31*	5	16.1	30	12	40.0	73	44	60.3
植物園	*24*	10	41.7	13	6	46.2	87	32	36.8
動植物園	*11*	4	36.4	11	1	9.1	27	16	59.3
全体	*1,210*	*398*	32.9	*773*	*313*	40.5	3,449	1,891	54.8

1）『日本の博物館の状況と課題（博物館白書　平成11年版）』および日本博物館協会提供資料による
2）斜体数字は，『白書』には掲載されていないもの

3．博物館の中の図書室の試みと可能性

ミュージアムのライブラリの蔵書，人員，予算について，詳細かつ悉皆的な調査はない。「来館者の利用できる図書室」を支えるスタッフの人員・職制は，十分なものではないかもしれない。限られたスタッフで，それも多くがワンパーソン・ライブラリである中，展示場や所蔵作品と連携しながら，特に開催中の企画展関連資料を取りそろえて紹介するなど，工夫を凝らした事例に遭遇することは多い。

3.1　江戸東京博物館の図書室セミナー

江戸東京博物館（江戸博）の図書室は，イラストに富んだ手作りの利用案内や「小中校生むけ図書室利用あんない　しらべ学習にやくだつ質問集」を用意するなど，専門家向けであるとともに，児童への配慮に力を入れてきた。昨年夏には，同室のスタッフによって，「総合的な学習の時間，調べ学習のための

夏休み教員向け講座」をミュージアムセミナー「博物館を知ろう」の一環として行っている。続いて冬にも，東京都公文書館，都立中央図書館と合同により，江戸開府400年記念講座「調べ，学び，究めよう，江戸東京の歴史」を開き，配布テキストには，江戸博図書室の利用案内や「日本橋」関連図書一覧を掲載している。

3.2　開かれた専門図書館としての博物館の中の図書室

江戸博図書室の事例以外にも多くのミュージアム・ライブラリは，高い専門性とここにしかない資料をとりそろえて，一般利用者を迎え入れているし，注目も集まっている。

『おもしろ図書館であそぶ　専門図書館142館完全ガイドブック』（毎日新聞社，2003）は，博物館併設の図書館として演劇，鉄道，自動車，紙，切手，野球，映画などの専門図書館を写真入りで紹介している。

ミュージアム・ライブラリの蔵書の特質と機能は，①所蔵品に関わる資料と，②展覧会に関わる資料を持ち，③所蔵品や展覧会の企画，調査を業務とする学芸員の研究支援のためにある，といえるだろう。一般来館者向けの図書室になることが第一義ではないが，そこに集められた資料へのアクセス路を開発することによって，公共図書館としてのサービスを社会に開こうとするミュージアムが，少しずつ増えていることが見て取れる。

４．ネットワーキングする美術館の中の図書室

美術館の中にあった蔵書が公開のライブラリとして関かれたのは，1976（昭和51）年の東京都美術館を嚆矢とするだろう。野崎たみ子氏が「美術図書室の四半世紀」（『美術フォーラム21』３号，2001）と書くように，長くはないが短いともいえない，振り返るには十分な時間を重ねてきた。今年15周年を迎えるアート・ドキュメンテーション研究会も美術の資料と情報をめぐって多くの成果を残してきたし，美術館の中の図書室は，アート・ドキュメンテーションの重要な領域として認知度を高めてきた。

4.1　連帯のきずなとしてのメーリングリスト

専門図書館に限らず図書館を支えるのは，蔵書，空間，予算であるとともに，その筆頭は，従事する専門職としての図書館員という人である。

「美術図書室の四半世紀」の時間の流れの中で，美術館に美術書のための図書室のあることは，とても広く浸透してきた。新設の美術館にそのための空間を設立準備の段階から図面に用意することは，すでに普通一般になっている。けれども，民間委託，できなければ売却，あるいは休館も検討するという芦屋市立美術博物館の事例があるように，逆風強い美術館にあって，そのライブラリを支える人的配置に前進があったとは言い難く，実際は逆だ。

先に書いたように，多くはワン・パーソン・ライブラリであり，かつ常勤職員の割合は，低い。雇用年限を限られた非常勤職員による頑張りでかろうじて業務が回っているのが，多くの実状である。当然，実務者の交替も多く，技能や専門資料への知識の蓄積も難しい状況にあって，支え合うのは同じ主題と環境を持ちあう館の壁を越えた，専門職同士の連携である。

アート・ドキュメンテーション研究会が持つSIG（スペシャル・インタレスト・グループ）の一つである，美術館図書館員のためのamlib-SIGは，メーリングリストを使って，遭遇する疑問や課題解決の一助となって，役立ち，多くのレファレンスや新刊情報を共有しながら，たとえ職場で一人であっても，同じ課題を持つ仲間の存在を北から南まで，日本のそこかしこにいることを日々確認しあっている。

4.2　美術図書館の横断検索

本年3月1日，美術図書館を横断的に検索するシステムをインターネットに公開した（http://alc.opac.jp，図1参照）。

アドレスにあるalcとは，美術図書館連絡会（ALC: Art Libraries' Consortium）の略称であり，コンソーシアムという名を取るこの連絡会は，東京国立近代美術館，東京都現代美術館，横浜美術館の3館の図書館員による発意から生まれ，東京国立近代美術館は，竹橋・美術館のアートライブラリ，北の丸公園・工芸館の図書閲覧室，京橋・フィルムセンターの図書室を持つ故，東京

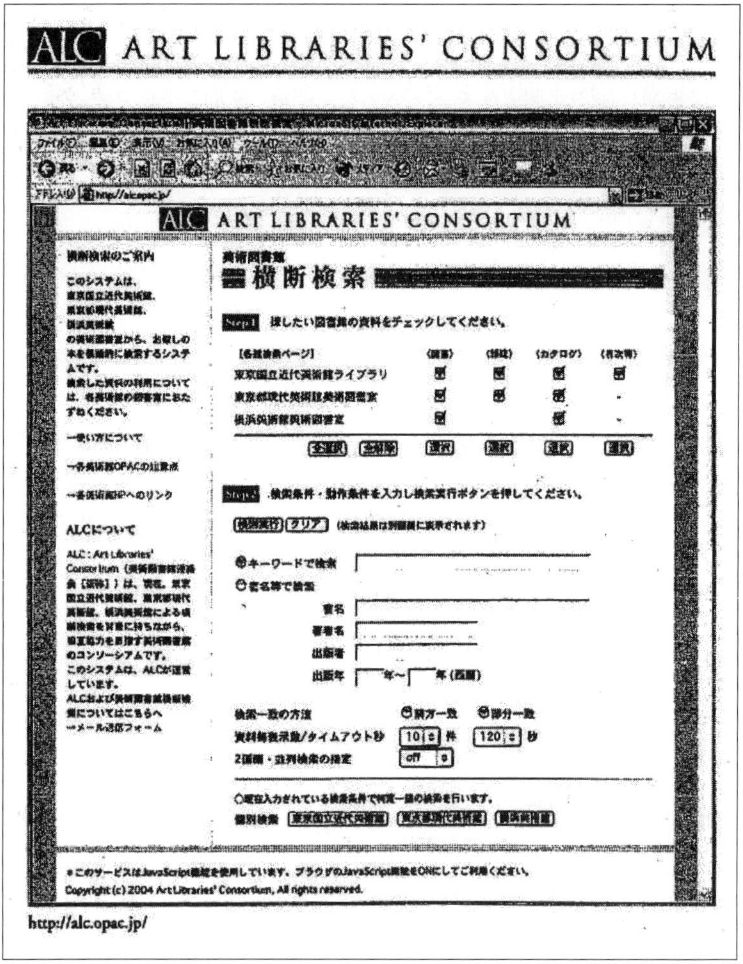
ALC ART LIBRARIES' CONSORTIUM
ALC ART LIBRARIES' CONSORTIUM
美術図書館
横断検索
Copyright (c) 2004 Art Libraries' Consortium, All rights reserved.
http://alc.opac.jp/

図1　美術図書館の横断検索システム画面
2004年開設時の画面，参加館も3館の横断検索。現在のALCとは大きく異なる

都現代美術館，横浜美術館それぞれの美術図書室とあわせて，3館5室の蔵書を横断的に検索するシステムとなっている。ALC参加館総体の蔵書は，和洋図書12万冊，国内外の展覧会カタログ16万冊，8千誌を超す雑誌となる（2003年10月24日現在，表2参照）。

表2　美術図書館横断検索（ALC）参加3館の蔵書数概要

2003年10月24日現在

	東京国立近代美術館	東京都現代美術館	横浜美術館	総数
和図書	40,389	30,811	21,872	93,072（冊）
洋図書	11,349	4,526	11,120	26,995（冊）
国内展覧会カタログ	40,877	40,171	30,710	111,758（冊）
海外展覧会カタログ	23,096	5,303	17,287	45,686（冊）
和雑誌	2,884	3,430	727	7,041（誌）
洋雑誌	761	335	513	1,609（誌）

3つの美術館の図書館員が，今回，横断検索に踏み出すには，逆風の美術館にあって，最初に縮小されかねない部署が，自分たちの職域ではないか，東京都美術館の美術図書館を引き継いだ東京都現代美術館では，美術図書室の現場から常勤の司書が姿を消して久しく，図書購入費の削減も続くような現状で，美術図書館が個々単館でなしえなかったことを，何かしら共同で築いていくのでなければ，この図書館の発展はおろか，延命さえもままならない，という強い危機意識があった。

横断検索は，なによりも美術館図書室の利用者の利便のためとしてスタートしたが，この3館が収集する資料，特に展覧会図録の整理業務の軽減や，共同レファレンス，さらに分担収集のためのコンスペクタスの検討につなげていきたいと考えている。ALCの第一歩が横断検索だとしても，目指すところは，美術図書館の相互協力網の形成と強化であり，故に名称にコンソーシアムといういささか過重な名称をこの組織において名付けた次第なのである。

5．近くて遠い／遠くて近い二つの世界
―まずできることから

最後にもう一度，目黒の記憶をたどると，はじめて本を借り出した守屋図書館が浮かんでくる。ここは公共図書館の使い方を学んだ最初の図書館だった。米穀通帳の持参で貸出券をもらい，パチンコ式と呼ばれる半開架で，ガラス面の隙間から本を押して示すといういまから見れば古色な，でも当時においては改革を試みていた図書館は，1963（昭和38）年，図書館の増築で郷土資料室を併設し，そこではじめて博物館の世界と出会ったような気がする。

図書館と博物館・美術館，あるいは博物館の中の図書館，図書館の中の郷土資料や博物資料，互いが連携する可能性はまだまだあるようだ。

まずできること，すでに多くの図書館で見かけるが，公共図書館は，同じ地元の博物館や美術館の展覧会の図録を置くコーナーを作るのは，いかがでしょう。博物館も美術館も，自館の図録を全国の図書館に送る余裕はないが，同じ県や市，区の図書館の特別に用意されたコーナーに置いてもらうために，自館図録を寄贈するくらいは，まだ大丈夫のようである。

本稿をなすにあたっては，（財）日本博物館協会，（財）目黒寄生虫館，目黒区立図書館，ALC 参加の東京都現代美術館，横浜美術館およびアート・ドキュメンテーション研究会の諸氏よりご協力をいただきました。記してお礼申し上げます。

第３章　第１部のための補論　第３篇

夢の砦
展覧会カタログのために

かつて展覧会カタログのための専門図書館，アートカタログ・ライブラリー（財団法人国際文化交流推進協会）が赤坂にあって，残念ながら2004（平成16）年10月末日をもって閉館しましたが，そのカタログを移管継承した国立新美術館が設立準備室だった頃，同室のニュース誌に「夢の砦 ― アートライブラリ展覧会カタログのために」[1]と題し，次の一節を書いたことがあります。

> 人々が行き交うように，作品も，いま，静かに安全に細心に，運ばれていきます。
> 美術館から美術館へ，個人のお宅から美術館へ，道路を，空路を，山を越え，海を渡り。
> そして，展覧会は開かれて，閉幕とともに，ふたたび，静かに，もとの安息の地へ帰ります。
> 展覧会は，このように作品が集まり，また，散りゆく，一刻（ひととき）の夢の場です。
> わくわくしませんか。そして，夢の面影（おもかげ）は，観る人の心のうちとカタログ（図録）に残ります。
> 私たちは，アートライブラリ（美術図書室）を作ります。
> そこにある主役は，一期（いちご）の夢をよみがえらせる，展覧会のカタログです。

この総覧に参加した美術館，博物館の図書室は，いずれも展覧会を開き，カタログを作る館の中にあって，館の活動を記録する資料であり，かつ館の活動，特に調査研究を支える資料としての展覧会カタログを収集保管し，一般への公開と提供も行なっています。各館は個々に蔵書の検索システムをインターネットに設けるとともに，８館10室の蔵書を横断的に検索するシステム（http://alc.opac.jp）にも参加しています[2]。本総覧の刊行もまた，この美術図書館横断検索を維持する美術図書館連絡会（ALC: Art Libraries' Consortium）の存在があってはじめて可能になりました。

これまで「隠れたベストセラー」と言われながらも，書店では買えない「本であって本でない」不思議な存在の展覧会カタログ[3]。展覧会が終われば「残るのは“カタログ”」[4]であるように，展覧会という儚(はかな)き夢をよみがえらせる，カタログの砦，「夢の砦」[5]であるような専門図書館が，「ミュージアムの中のライブラリ」として存在していることを，この総覧の刊行を機に，展覧会カタログの魅力とあわせて，広く多くの方々に知っていただけることを願っています。

註

1：[無署名]『[国立新美術館設立] 準備室ニュース』2005. 3，2，p. [5].

2：ALCは2004年3月，東京国立近代美術館，東京都現代美術館，横浜美術館の3館でスタート。以後，本総覧参加の国立西洋美術館，東京都写真美術館，国立新美術館，東京国立博物館，東京都江戸東京博物館が加入，2007（平成19）年7月，全体で8館となり，同年4月にはNACSIS Webcat（NII）への横断検索も可能にしている。東京国立近代美術館は美術館のアートライブラリ，工芸館の図書閲覧室，フィルムセンターの図書室の3室。ALCは2007年度第1回野上紘子記念アート・ドキュメンテーション学会推進賞を受賞。システムの詳細は同学会発行『アート・ドキュメンテーション研究』（no. 12，2005. 3）掲載の拙文「美術図書館横断検索by ALC ― その公開と課題」を参照されたい。なお，本総覧への東京都現代美術館の参加はないが，同館美術図書室による『東京都現代美術館所蔵展覧会カタログ目録　本文編／索引編』（同館，2000-2001）がある。

3：その不思議さと魅力は，例えば，今橋映子編著『展覧会カタログの愉しみ』（東京大学出版会，2003）などを参照されたい。種市正晴編「展覧会カタログに関する主要日本語文献一覧」『アートカタログ・ライブラリー・ニュース』1996，創刊号に収載も貴重。

4：高階秀爾「〈新美術時評〉残るのは“カタログ”」『新美術新聞』1991. 12，623，p. 7.

5：小林信彦氏の小説題名（新潮社，1983）よりお借りしました。

第１部に関連するその他の著者著作情報

1988 「IFLA 美術図書館分科会に参加して ― 日本における ARLIS の可能性を考える」
『図書館雑誌』（日本図書館協会）82(12)，p. 817–819.

1989 「ジェーン・ライト「美術図書館員の願い」に思うこと」
『アート・ドキュメンテーション通信』（アート・ドキュメンテーション研究会）2，p. 8–10.

1990 「アメリカにおける美術図書館の現状と課題 ― その歴史・組織・戦略」
『現代の図書館』（日本図書館協会）28(4)，p. 205–215.

1990 「米国美術図書館事情　USIA–IVP 報告　Ⅰ～Ⅳ」
『現代の眼』（東京国立近代美術館ニュース）430–433，p. 6–7；5–7；6–8；6–7.

2001 「矢代幸雄の美術図書館プラン」
『図書館情報学の創造的再構築　藤野幸雄先生古稀記念論文集』（勉誠出版）p. 251–261.

2013 「日本のアートライブラリとアート・ドキュメンテーション　1986–2012 ― MLA 連携と美術図書館連絡会 ALC を中心に」
英題：Art libraries and art documentation in Japan, 1986–2012: progress in networking museum, libraries and archives and the ALC: Art Libraries Consortium
Art Libraries Journal, ARLIS/UK & Ireland, 38(2), p. [6–10], Special issue: art documentation in Japan.

2017 「JAL プロジェクト「海外日本美術資料専門家（司書）の招へい・研修・交流事業」2014–2016：３年間の総括としてのアンサー・シンポジウムおよび「提言」への「応答」としての「提案」について」
『情報の科学と技術』（情報科学技術協会）67(6)，p. 309–314.

第 2 部

アート・ドキュメンテーションと MLA 連携

第２部解題

第４章　2023「アート・ドキュメンテーションとMLA連携―語の定義の試み」
アート・ドキュメンテーション
MLA連携
初出：『図書館情報学事典』（丸善出版）p. 366-367［アートドキュメンテーション］；p. 352-353［MLA連携］.

第５章　2017「極私的MLA連携論変遷史試稿」
初出：『美術フォーラム21』（醍醐書房）35，p. 127-134.

第６章　2011「MLA連携のフィロソフィー―“連続と侵犯”という」
初出：『情報の科学と技術』（情報科学技術協会）61(6)，p. 216-221.
https://www.jstage.jst.go.jp/article/jkg/61/6/61_KJ00007278752/_pdf/-char/ja

第７章　2011「(［CA1749］研究文献レビュー）MLA連携―アート・ドキュメンテーションからのアプローチ」
初出：『カレントアウェアネス』308，p. 20-26.
https://current.ndl.go.jp/ca1749

第８章　第２部のための補論　３篇

第１篇　1989「アート・ドキュメンテーション研究会の発足にあたって」
初出：『アート・ドキュメンテーション通信』（アート・ドキュメンテーション研究会）１，p. 1.

第２篇　1995「〔第１回アート・ドキュメンテーション研究フォーラム「ミュージアム・ライブラリ・アーカイヴをつなぐもの―アート・ドキュメンテーションからの模索と展望」〕シンポジウムの開催にあたって」
初出：『第１回アート・ドキュメンテーション研究フォーラム　美術情報と図書館　報告書』（アート・ドキュメンテーション研究会）p. 85-87.

第３篇　2011「MLA連携に係る３書（2010-2011）のための書評」

初出：『日本図書館情報学会誌』（日本図書館情報学会）57(4)，p. 163–165.

ⅰ）日本図書館情報学会研究委員会編『図書館・博物館・文書館の連携』（シリーズ・図書館情報学のフロンティア No. 10）勉誠出版，2010

ⅱ）石川徹也，根本彰，吉見俊哉編『つながる図書館・博物館・文書館　デジタル化時代の知の基盤づくりへ』東京大学出版会，2011

ⅲ）知的資源イニシアティブ編『デジタル文化資源の活用　地域の記憶とアーカイブ』勉誠出版，2011

第２部の冒頭は，2023（令和５）年に丸善出版が刊行した『図書館情報学事典』（日本図書館情報学会編）に掲載の「アートドキュメンテーション」と「MLA連携」の執筆２項目を再掲して，この用語の定義の試みとした。

以下，本書ではアート・ドキュメンテーションと記載し，ADとも略記する。

アート・ドキュメンテーションという名称は1989（平成元）年に発足したアート・ドキュメンテーション研究会(現学会，以下，JADS: Japan Art Documentation Society）に由来する。

JADSの成立のコアな部分は，主題・領域・関与者いずれも美術図書館（員）に淵源があるのだが，当時我が国にあっては，これらコアにおける専門図書館としての美術図書館への理解と親炙は稀薄であった。

1986（昭和61）年夏のIFLA東京大会専門図書館部会美術図書館分科会の開催に対応したボランティアの有志らによる繋がりが，結果，1989年春のJADSの誕生につながる。この間，「美術図書館を考える会」が三度あったこともその証左である。ここに一貫して関与した，波多野宏之氏(東京都立中央図書館)，住広昭子氏（東京国立博物館，いずれも当時）とわたしが成立時のJADS世話人となり，初発の活動が第８章に再掲した「アート・ドキュメンテーション研究会の発足にあたって」を巻頭文とする『アート・ドキュメンテーション通信』（1989年４月25日）の創刊であった。

『図書館情報学事典』にも記したが，日仏美術学会や当時の東京国立文化財研究所での美術情報への取り組みともリンクしながら，JADSが舟出したその時，コアメンバーである美術図書館員は欧米における美術図書館協会（ARLIS:

ARt LIbraries Society）の存在とその日本への流入の必要を，海外でのIFLA大会への参加を通じて痛感してはいたが，その語のままに，ARLIS/Japanと成りえなかったことは，結果，JADSの組織や活動および構成員のあり方に大きな影響をもたらした。

JADSが成立と同時に内包した領域横断的でかつ学際的な性格は，まずはライブラリとミュージアムとの連携，そして詳しくは第3部に譲るが，アーカイブの「発見」とアーカイブがライブラリとミュージアムおよびアーカイブそれ自体とを結びつける，謂わば膠着体となることへと導き，結果，JADSの創立5周年を記念して2004（平成16）年に国立国会図書館で開いた第1回アート・ドキュメンテーション研究フォーラムのシンポジウム・テーマ「ミュージアム・ライブラリ・アーカイヴをつなぐもの — アート・ドキュメンテーションからの模索と展望」の設定となり，これがMLA連携をアート・ドキュメンテーションの視点から初めて世に問う機会となった，と書いても過言ではないだろう。

「ミュージアム・ライブラリ・アーカイヴをつなぐもの」のフレーズは，1995（平成7）年にこのシンポジウムを中心となって組織し，司会を担当した者の私的体験に由来していた。

一つは，本務館である東京国立近代美術館における岸田劉生アーカイブの寄贈にかかわる整理等実務経験であり，本第2部の第5-7章において重ねて詳述している。

加えて，ここにあらためて記しておきたいことは，この劉生アーカイブの目録は，展示に合わせて1996（平成8）年に『東京国立近代美術館所蔵品目録　岸田劉生　作品と資料（英書名：*Ryusei Kishida Works and Archives*)』として刊行されて，*Archives*を書名に持つ，おそらくは本邦で初のミュージアムのコレクション・カタログになっていることである。

もう一つは，第3部にかかわるアート・アーカイブへの理解を促してくれたシラキュース大学図書館情報学部の名誉教授A. レムケ教授によるIFLAシドニー大会でのキーノート・スピーチ — “Relationship of Art archives to Libraries, Museums, and other art Information Centers” との遭遇であった（第3部の終章に掲げた図1をご覧いただきたい）。

1995年のこのフォーラムの全体テーマは,「美術情報と図書館」であり，会場もまさに国立国会図書館であったことは，上述のJADSのコアを良く反映したものであるが，シンポジウム自体，それはMLA連携のアート・ドキュメンテーションからの可能性の問いかけであったわけだが，図書館界になにほどかの関心の波紋は惹起したかもしれないが，ミュージアムやアーカイブへの波及や図書館界の中にあっても，その理解が浸透するにはまだ10年を超える時間が必要であった。

次の機会とは，2009（平成21）年，図書館から博物館へ場を移して，東京国立博物館の平成館講堂で開催されたJADS 20周年記念の第4回アート・ドキュメンテーション研究フォーラム「日本のアート・ドキュメンテーション―20年の達成　MLA連携の現状，課題，そして将来」であった。

このフォーラムの全容は，2010（平成22）年に『MLA連携の現状・課題・将来』として書籍化されているが（勉誠出版），この後，類書と呼べるものの出版が日本図書館情報学会，東京大学出版会，NPO知的資源イニシアティブによって続いたように，2009年を境にMLAのいずれにあっても，この三者の連携は，謂わば自明の共通テーマと化していった。その達成の顕著たるものが，2020（令和2）年に正式公開された国立国会図書館がオペレートするジャパンサーチであることは間違いない。

第2部の第6章である「MLA連携のフィロソフィー―“連続と侵犯”という」（初出は『情報の科学と技術』）と第7章の「MLA連携―アート・ドキュメンテーションからのアプローチ」（初出は『カレントアウェアネス』）は，2011（平成23）年に相前後して書いている。

前者はMLAの相互について，“連続と侵犯”（このフレーズは，当時東京国立近代美術館で開催の現代美術展のタイトルから借用）という側面から論じたものである。後者は国立国会図書館CAの「研究文献レビュー」であるが故に，事象展望的で関係文献等をできる限り参照可能にする役割りもあって，引用・参照等註の数が60に及んだ。この2文献はテーマ，時期が近接しており，内容においても重複は多い。

5章は美術史学の専門誌である『美術フォーラム21』が「美術に関する知の蓄積と共有化にむけて」をテーマに，美学・美術史の専門研究者からMLA

の現場実践者に至るまで巾広く執筆者を揃えて，4章を構成して16本の論考を並べており，2017（平成29）年時点での同特集テーマのレビュー号として優れて成功している。

1．美術に関する知の諸相
2．画像アーカイヴとその共有化
3．海外の例をかいま見る
4．日本美術に関する知の蓄積と共有をめぐる今日の課題

筆者は4章の掉尾で「極私的MLA連携論変遷史試稿」と題して拙稿を寄せたが，これは東京国立近代美術館での岸田劉生展の1996年からほぼ20年の間の私的で総括的な振返りという意味を込めて書いたものである。

この間，わたし自身，MLA連携についてさまざまに試行錯誤しつつ，迷いながらも発言を重ねたわけだが，例えば，第5章の図1の「美術資料をめぐる〈外なる／内なる〉ネットワークを考える」において，そこに大きな共鳴と確信を与えてくれたのが，J. ミハルコ氏のプレゼンテーション・スライドに示された「Two Types of MLA Collaboration: MLA Under same roof; MLA in the wild」（第5章の図2）であった。

この場をお借りして，ミハルコ氏と同氏を重ねて招聘された慶應義塾大学のDAFに深甚なる謝意を表したい。

第4章

アート・ドキュメンテーションとMLA連携
語の定義の試み

1．アート・ドキュメンテーション

美学・美術史学およびデザイン・建築・写真などの制作に関わる大学など教育機関の美術図書館をはじめ，いわゆるMLAにおける情報資料のドキュメンテーション活動の全般に関わるのがアート・ドキュメンテーション（以下，AD）であり，わが国においてこの語が世に出た淵源は，1989（平成元）年4月に産声を上げたアート・ドキュメンテーション研究会（現学会，Japan Art Documentation Society: JADS）が，その掲げた研究会の名称ということになる。

1.1 JADSの発足と展開

JADSの発足の直接的要因と考えられる一つは，その3年前，1986（昭和61）年のIFLA東京大会における専門図書館部会美術図書館分科会の開催およびそのための準備に集まった都内美術図書館に縁ある者たち（美術系大学，デザイン専門学校，博物館および美術館内の情報資料担当者，あるいは美術書輸入専門書店など）による有志的グループの発意があり，「美術研究と情報処理：コンピューターによる画像・文献処理はどこまで可能か」のシンポジウムの開催とその報告書を刊行した日仏美術学会員らとの交流によるものであった。後者は，科学研究費補助金試験研究（2）1985（昭和60）年度研究実績報告である『美術史学における多角的情報処理システムの開発（東京国立文化財研究所美術部・情報資料部による）』の動向ともリンクするものであるが，前者，すなわち日本においても欧米各国の美術図書館協会，すなわちARt Libraries Society: ARLISの必要を喚起された日本の美術図書館員と美術分野における情報処理の可能性と課題に目覚めた美術史研究者との邂逅からJADSは生まれた。研究会の名称を「アート・ドキュメンテーション」と定めた一因は，北米のARLIS/NAが刊行する機関誌のタイトルである*Art Documentation*を借用したことによる。しかしながらARLIS/Japanは採らなかった。それは名称に図書館を入れることによって想像された美術史研究者や学芸員，およびその当時はまだアーカイブが一般的に流布してはいなかったがすでに視野の内にあった文書館および記録管理等従事者，そして情報処理技術者らとの連携連絡の阻害要因となることをおそれ，あるいは連携を図るべき図書館の外に居る者の忌避の予感があった故である（水谷，2019）。

現在のJADSはそのホームページにおいて，会の趣旨を「ひろく芸術一般に関する資料を記録・管理・情報化する方法論の研究と，その実践的運用の追究に携わっています。1989（平成元）年4月に，美術館／博物館，図書館，アーカイヴ，芸術関連機関の新しい連携をめざし，わが国および国際間における文化的感性と芸術関連情報の創発的な協働のために開設……従来の美術館／博物館・図書館・公文書館・アーカイヴおよび学会といった機関や職能を超領域的に融合する新しい学術団体として，本学会は，新しい未知な課題に取り組む方々の参加をえて，活動を展開」と明記しており（アート・ドキュメンテーション学会，2021），いわゆるMLA連携が発足当初より活動の一指標となってきた。そのことは5周年，20周年の学会の周年事業のアート・ドキュメンテーション研究フォーラムのメインテーマをMLA連携としたことに顕著でもある。同様に本学会の個人会員は，同じく趣旨によれば，「図書館司書，学芸員，アーキヴィスト，情報科学研究者，美術史・文学史・音楽史・メディア史・文化史・自然史研究者など」ときわめて多岐にわたること，それ自体を特性の一つと標榜できることが学会存在の価値として認識されている。

1.2　ADの初発としての美術図書館

JADS発足の機縁の一つとして，欧米ARLISの日本版の必要性の顕現を指摘したが，1986（昭和61）年の国際図書館連盟（IFLA）東京大会および1989（平成元）年以前においても，当然のことながら美術系大学の図書館，美学・美術史を学科に持つ総合大学図書館および前世紀においては極めて稀な存在ながら公開の図書室を持つ東京都美術館や横浜美術館が存在していたが，専門主題図書館として美術専門図書館（室）を横につなぐ組織は，医学，音楽などのようにはなかったのである。ADはもとより美術図書館学を含み，その発展は，現場の美術図書館員の図書館現場におけるノウハウの蓄積と共有に資している。その顕著な例としては，かつては灰色文献の扱いであった展覧会カタログを美術図書館のほかに類を見ない資料群として世に示したことにあるだろう。灰色文献として展覧会カタログを扱う由縁は，その出版情報の曖昧さとライブラリとミュージアムとの疎遠や乖離にあったが，今も昔も美術史研究においては必須不可欠な資料であるこの資料について，NACSIS-CATのコーディングマニュアルにその一角を得たことの意義は大きい。そして，近年，美術館等に新設にあたっては公開のアートライブラリーがフロアプランに確固として独自のスペースを示しているケースが多い（例えば2021年にリニューアル開館した長野県立美術館など）。これらもまた美術図書館学を含むADの活動の成果というべきだろう。

1.3　ADの射程としてのコレクション情報

美術図書館と並んでMおよびAの収蔵品のドキュメンテーションからデジタルアーカイブの構築が，ADの有力なターゲットであることは，JADSの発足時から不変である。日本におけるインターネット元年と言われる1995（平成7）年はまた，日本のミュージアム界，特に国立博物館・美術館は収蔵品のデータベース化を一気に加速させて，文化財情報システムから今日の文化遺産オンラインに至った。さらには2020（令和2）年に正式公開した国立国会図書館がオペレートするジャパンサーチへという道程と，日本におけるADの展開深化とはほぼ機を一にしているのである。

註・参考文献

アート・ドキュメンテーション学会HP「学会概要」[http://www.jads.org/guide/guide.htm#shushi（2021年5月31日閲覧）]

水谷長志（2019）「ミュージアム・ライブラリの原理と課題 ― 竹橋の近代美術館での30年から伝えられること／伝えたいこと」『現代の図書館』57(3)，pp. 107–117

ARLIS/UK & Ireland (2013) Special issue: art documentation in Japan. In: *Art Libraries Journal*, 38(2), pp. 3–44

2．MLA連携

ミュージアム（M），ライブラリー（L），アーカイブ（A）は，いずれも人類の歴史的・文化的・知的遺産を収集・公開し，次世代へ継承する類縁機関として営々と機能してきたが，近年，インターネットとデジタルアーカイブの隆盛を背景に，その豊かなデジタル情報資源へ，綜合的包括的にアクセス可能にすることを志向する機運全体を指すのがMLA連携である。

2.1　MLAの字順およびその近似語

この10年余，MLAはその字順について3者の親和性の強弱からLAMに，Galleryを加えてGLAMに，公民館（K）を加えてMLAK（saveMLAKに代表される）に，大学（U）と企業（I）を加えてMALUIに，さらに劇場（T）が加わるMULTIなどのさまざまな連携，あるいは一組織内での連携を融合と言い換えるなど，さまざまな拡張や変奏が繰り広げられてきた。今日，あえてMLA連携と言わずとも，これら蓄積型の文化機関における従事者の間では，広く基底的であり自明の命題として共有されている。

2.2　MLA連携の発端

MLAが並び立ち連携する，いわゆるMLA連携の語としての発端は，多分に偶発的なものであった。この3者を並べてその「つながり」の意義を問うた初発は，1994（平成6）年，アート・ドキュメンテーション研究会が創立5周年を機に「美術情報と図書館」を全体テーマに研究フォーラムが国立国会図書館にて開かれ，メインシンポジウムの題目を「ミュージアム・ライブラリ・アーカイヴをつなぐもの―アート・ドキュメンテーションからの模索と展望」としていたが，この語順に明確な意図はなかった。1994年の当時においては，この3者の並列とその連携の提案は，唐突の感は逃れえず，かつ議論の深化が及んだとは言えないものの，MLA界に小さな一石は投じられた。その後，15年を閲しての2009（平成21）年，同学会の20周年を機に開催した「MLA連携の現状・課題・将来」は当時の国立博物館，国立国会図書館，国立公文書館の館長を招いての鼎談もあり，翌年刊行された報告書がMLA連携の認知に益し，2010（平成22）年を境に，類書が図書館情報学のみならず多方面から刊行が続いた（水谷，2010；2011a）。

筆者は以前，MLA連携についての研究文献レビューにおいて，その淵源を1988年の*Library Trends*の特集「美術品と美術情報をつなぐ（Linking art objects and art information）」に見出し，「管見の限り，もっとも早くMLA連携を明確に示した文献は，コロンビア大学エィヴリー建築・美術図書館のアンジェラ・ヒラル（Angela Giral）による「3つの伝統が合流するところ：エィヴリー図書館の建築ドローイング（At the confluence of three traditions: architectural drawings at the Avery Library）」であった」と書いた（水谷，2011b）。

この3つの伝統こそMLAであるが，この特集においても寄稿しているボストン美術館図書館のナンシー・アレン（Nancy S. Allen）が先に，Research Libraries Group（RLG）の指揮下において，Art and Architecture Program Committee（AAPC）が組織されてることを報告しているように（Allen, 1988），RLGとMLA連携は極めて近い関係にあったと指摘できるだろう。

2.3　MLA連携の二つの形

慶應義塾大学のDAF：デジタルアーカイブフォーラムの招きで来日を重ねていた，当時，RLGの副代表であったジェームズ・ミハルコ（James Michalko）は，MLAの連携（collaboration）のあり方を「一つ屋根の下のMLA（MLA under same roof: An individual institution with all three types of organizations）」と「荒野に立つ3つのMLA（MLA in the wild: Individual independent institutions）」と説明している。この論は，MLA連携に現れる2つのトライアングル，すなわち「館の〈内〉」と〈外〉」においてMLAの繋がる2つの連携のタイプがあるという筆者が1996（平成8）年に示した構図とぴたりと重なるものであった（水谷，1996）。

2009（平成21）年の国立MLA 3館長の鼎談の図はまさに「館」と「館」の連携であるわけであるが，10年を経てMLA連携の議論の昂りもおさまる中，2019（令和元）年に『大学図書館研究』が5本の論文をそろえて「小特集：MLA

連携」を組んでいる（大学図書館研究編集委員会，2019）。ミハルコの招聘につとめた慶應義塾大学の例はあるものの，大学からのMLA連携に関わる発信は，博物館・美術館あるいは美術図書館からのそれに比すれば少なかった。注目すべきは，大学という一つの傘（ミハルコ流に言えば一つの屋根〈roof〉）の下に，大学の中にあってMLAが相互に連携するありようは，大学の中での「内」なるトライアングルであるとともに，個々のMLAにおいては「館」と「館」との間につながれた「外」なる連携といえる。このようなMLA連携にある二重性，あるいは多層性こそは，今後の蓄積型の文化資源機関の大きな有意性と可能性を体現するものである。

2.4　綜合の回復としてのMLA連携

翻って見れば近代博物館の嚆矢としての大英博物館は，サー・ハンス・スローンの個人コレクションの競売を阻止しての買上げから始まり，その1世紀後に6代目館長となる主任司書アントニオ・パニッツィが大英博物館の中にライブラリーを円形閲覧室として開いたこと，日本の少なくとも国立の博物館と図書館が1872（明治5）年の湯島聖堂博覧会から始まり，一曜斎国輝が図中真ん中に金の鯱をでんと置いて示した《古今珍物集覧》が示す通り，近代MLAの濫觴は未分化のままにあった。

近代化は紛れもなく効率を旨とする専門化という分化のプロセスであるが，もとをたどれば一体であったというところの，いわば綜合が喪失されていく過程であった（水谷，2017）。MLA連携は綜合の喪失の回復を基底に抱え込んでいる，ある志向でありフィロソフィーであると言ってもよいであろう（水谷，2011）。

註

水谷長志（1996）「美術資料をめぐる〈外なる／内なる〉ネットワークを考える」『現代の図書館』34(3)，pp. 151–154

水谷長志（編著）（2010）『MLA連携の現状・課題・将来』勉誠出版

水谷長志（2011a）「書評　日本図書館情報学会研究委員会編，『図書館・博物館・文書館の連携』（シリーズ・図書館情報学のフロンティア10），勉誠出版，2010. 10，p. x，186.（他2書）」『日本図書館情報学会誌』57(4)，pp. 163–165

水谷長志（2011b）「研究文献レビュー MLA連携―アート・ドキュメンテーションからのアプローチ」『カレントアウェアネス』(308)，pp. 20–26
水谷長志（2011c）「MLA連携のフィロソフィー―“連続と侵犯”という」『情報の科学と技術』61(6)，pp. 216–221
水谷長志（2017）「極私的 MLA 連携論変遷史試稿」『美術フォーラム21』(35)，pp. 127–134
「大学図書館研究」編集委員会（2019）「小特集　MLA連携」『大学図書館研究』112
Allen, N. S. (1988) The art and architecture program of the research libraries group. *Art Libraries Journal*, 13(4), pp. 5–10

参考文献

水谷長志（編）（2010）『MLA連携の現状・課題・将来』勉誠出版

第5章

極私的MLA連携論変遷史試稿

1．はじめに―共通言語となった「MLA連携」

2013（平成25）年刊行の『図書館情報学用語辞典』第4版に「MLA連携」は項目として採られて，次のように記されている[1]。

> 博物館（Museum），図書館（Library），文書館（Archives）の間で行われる種々の連携・協力活動．2008年，IFLAとOCLCからMLA連携についての報告書が出されたのを契機に関心が高まっている．日本でも博物館，図書館，文書館は元来，文化的，歴史的な情報資源の収集・保存・提供を行う同一の組織であったものが，資料の特性や扱い方の違いに応じて機能分化した一方で，施設の融合や組織間協力を続けてきた．近年，ネットワークを通した情報提供の伸展に伴い，利用者が各機関の違いを意識しなくなりつつあることを踏まえ，組織の枠組みを超え，資料をデジタル化してネットワーク上で統合的に情報提供を行うための連携・協力などがなされている．

IFLAとは国際図書館連盟，OCLCとは世界最大の書誌ユーティリティであり，日本版書誌ユーティリティとは，CiNii Booksの大本であるNACSIS-CATであると言えば，美術界の方々にも親しみがあるだろう。IFLAとOCLCが続けて二書[2]を出した2008年の翌年2009（平成21）年には，アート・ドキュメンテーション学会が創立20周年を機に「研究フォーラム」を開き，その報告記録書として『MLA連携の現状・課題・将来』（勉誠出版）を2010（平成22）年に刊行した。それに続き下記の三書[3]が，2010-11年において陸続と言った観をもって世に出たことによって，日本においても「MLA連携」は文化資源全般に関わる専門家，機関・団体において，広く共通の言語になったと見てよいように思われる。

- 日本図書館情報学会研究委員会編『図書館・博物館・文書館の連携』（シリーズ・図書館情報学のフロンティア　No. 10）勉誠出版，2010
- 石川徹也，根本彰，吉見俊哉編『つながる図書館・博物館・文書館　デジタル化時代の知の基盤づくりへ』東京大学出版会，2011
- 知的資源イニシアティブ編『デジタル文化資源の活用　地域の記憶とアーカイブ』勉誠出版，2011

ここに至る海外文献を含んで，もっとも見晴らしが良く，バランスの取れたレビューとしては，『図書館・博物館・文書館の連携』所収の田窪直規氏の〔巻頭総論〕「図書館・博物館・文書館の連携，いわゆるMLA連携について」がある。筆者は，よりパーソナルな視点をもって，特に1994（平成6）年と2009年に開催のMLA連携に関わるアート・ドキュメンテーション研究フォーラムをオーガナイズした立場から，加えて2011（平成23）年の3. 11での体験とその後の展開を追うことによって，標題の「極私的MLA連携論変遷史試稿」をここに草したい[4]。

2. MLA連携とは―MLAの分化という綜合の喪失から綜合の回復へ向かうこと

1872（明治5）年3月10日，湯島聖堂大成殿の博覧会をもって文部省博物局博物館は開館し，同28日には「博物局，博物館，博物園，書籍館建設ノ議（博物学之所務）」の決裁が下った。進んで1873（明治6）年6月5日，博覧会事務局の町田久成は，「英国「ブリチシ」博物館ハ「スロヲン」ト云人ノ集聚品及ヒ古書籍古文書等，千7百5十3年官ニ収サメシヲ始祖トシテ，其後尚古家及富饒家等ヨリノ寄附献納ノ物ヲ合併シ，終ニ今日ノ盛大ヲ致スニ至レリ。……此両館ノ体裁ヲ基本トシテ前途ノ目的相定申度」と述べて「大博物館創設ノ建議」[5]を史官に上申し，さらに上野寛永寺境内をもって博物館造立の地とすることを求めた。

「此両館」とは大英博物館に加え，「実用ノ事ヲ旨トスル」サウスケンジントン博物館（現ヴィクトリア・アンド・アルバート美術館）の2館のことであるが，わが国の博物館創設者の一人である町田の理想は，1865年ロンドン滞在中に目にした大英博物館円形閲覧室（亡命イタリアの人アントニオ・パニッツィが1857年に完成）があり，「集聚品（M）及ヒ古書籍（L）古文書（A）等」を一切一所に集める，大博物館でありMLAが綜合する施設であった。

1870（明治3）年の文部省系物産局から始まり戦後の東京国立博物館，国立国会図書館，国立科学博物館，東京大学理学部附属植物園に至る椎名仙卓氏による〈博物館変遷図〉[6]を思い浮かべても，日本の博物館，図書館の形成史はきわめて複雑である（Aである国立公文書館の設立は1971（昭和46）年）。

その歴史はMLAの混沌とした綜合から機能性向上を果たすための分化という交錯があったと言えるだろう。

近年，国内外でのMLAの連携の議論の背景には，MLAが個々に持つオリジナルの文化資源とそれについてのデータ（メタデータ）およびオリジナルの「写像（代替物）」としてのデジタル・ファイル（以下，デジタル化物と呼ぶ）が，インターネット空間において，MLA個々の枠（「館（やかた）」の壁）を越えてアクセス可能になったという技術の開発とともに，近代の内に築かれた分化を再び綜合することを希求する機運があり，MLA連携とは，デジタルアーカイブとインターネットによって可能性を持って，MLAの分化という綜合の喪失から綜合の回復へ向かうことである，と筆者は考えている。

3．アートアーカイブの発見から2つのMLA連携へ

3.1　アートアーカイブ　その「概念」との遭遇

1985（昭和60）年に筆者が東京国立近代美術館に入職したとき，本誌3号に野崎たみ子氏が「美術図書室の四半世紀」[7]に記録しているように，公開の美術館図書室の嚆矢として，東京都美術館美術図書室が1976（昭和51）年に開室

していた。

1969（昭和44）年に京橋から竹橋へ石橋正二郎氏からの寄贈の新家屋に移転しても，なおそこには書庫らしきものすらないような状態であり，ようやく2002（平成14）年の再度の大規模リニューアルを機に公開のアートライブラリを国立美術館としては初めてオープンさせた[8]。続いて国立西洋美術館（2002），国立新美術館(2007)，さらに関西2館も予約制での公開を予定している(2018)。

当時，1989（平成元）年の横浜美術館の美術図書室の開室に至って，美術館の中のライブラリの認知がいささか進んではあっても，アートアーカイブの存在への認識は極めて稀薄であり，今日のアートアーカイブを巡る議論と喧伝とはまさに隔世の感があった。

概念としてのアートアーカイブというものに，筆者が初めて遭遇したのは，横浜の美術図書室の開室の前年，1988（昭和63）年であった。

その機縁は，2年前のIFLA東京大会にあった。今日のアート・ドキュメンテーション学会も，いまある国立美術館のアートライブラリの始原にも，IFLA東京大会があった。

その時のIFLA美術図書館分科会の議長（オーストラリア，メルボルン国立美術館の主任司書）から，「水谷よ，2年後，シドニーでIFLA大会があるから，来て日本の状況を話せ」と招請され，1988年，シドニーへ向かった[9]。

シドニー大会での基調講演者が，米国シラキュース大学図書館情報学科のレムケ名誉教授であり，題目は，“Art Archives: A Common Concern of Archivists, Librarians and Museum Professionals”であった[10]。

3.2　アートアーカイブ　その「実体」との遭遇Ⅰ　1990年

翌年の1989（平成元）年にアート・ドキュメンテーション学会の前身，アート・ドキュメンテーション研究会が発足し，1990年には米国政府の招聘でミュージアムの中のライブラリをおよそ一カ月半をかけて回った[11]。

その旅程で当然のことながら訪問したのが，MoMAであり，IFLA東京以来の知己であったMoMAライブラリのディレクターであったフィルポット氏を訪問し，まさにMoMAのアート・アーカイブという実体に遭遇した(図1)。

その後，シラキュース大学にレムケ教授を訪問し，あらためてArt Archives

図1　1990. 2. 26　USIA-IVPに招聘されて，ニューヨーク近代美術館Library & Archivesを訪問／Clive Phillpot, Library Director & Picasso Archives / Picassoから初代館長Alfred Bar Jr. へ送られた絵手紙

の授業テキストをいただくのである（後に*The Dictionary of Art*所収の“Archives”になる元原稿[12]）。

このテキストのイントロダクションの冒頭に置かれたのが，“Relationship of Art Archives to Libraries, Museums, and other Art Information Centers”という，まさにMLA連携についての一節であった。

3. 3　アート・アーカイブ　その「実体」との遭遇Ⅱ　1993–96年

1993（平成5）年，東京国立近代美術館においてMLA連携を実体として感ずることができたのが，岸田劉生資料の寄贈の受け入れとその整理であった。3年余の整理の結果，1996（平成8）年には「岸田劉生所蔵作品と資料の展示」という展覧会（図2）を開き，その目録は，『東京国立近代美術館所蔵作品目録　岸田劉生　作品と資料：Catalogue of Collections, The National Museum of Modern Art, Tokyo: Ryusei Kishida Works and Archives』という英語タイトルを持った。これは日本でアーカイブという語を付した所蔵品目録の最初である。このような体験から，岸田劉生のM・作品，L・図書，A・アーカイブ

図2　1996. 6. 1-7. 7「岸田劉生　所蔵作品と資料」の展示　東京国立近代美術館

のトライアングルの構図を描き得ていった。

すなわち，レムケ教授が，“Art Archives: A Common Concern”として教示された連携のあり様が，徐々にMLA連携として，東京国立近代美術館のうちに多々，見て取れていったのである。

3.4　2つのMLA連携のかたち — 日米での同時的発想の顕現

岸田劉生の資料を受け入れて，「作品と資料」という展覧会開き，目録をつくるプロセスの中で，MLA連携を発見していったのであるが，その過程で，MLA連携というのには，2つの連携の形があるということに気づいていった。すなわち，岸田劉生の資料，作品をめぐる連携というのは，東京国立近代美術館という館（やかた）の中にある連携である。近代美術館という1つの屋根のもとにミュージアムとライブラリとアーカイブがあるというトライアングルの構図であり，もう一方には例えば，今日の国立国会図書館のサーチ[13]を思い出せば分かるように，国立国会図書館と国立公文書館と東京国立近代美術館が連携している。

特集／マルチメディア時代と文化のネットワーク

美術資料をめぐる
〈外なる／内なる〉ネットワークを考える

水谷　長志

1．はじめに—1994年11月のフォーラムから

1994年11月，国立国会図書館とアート・ドキュメンテーション研究会は共催で，「第1回アート・ドキュメンテーション研究フォーラム—美術情報と図書館」を開催した。二日間にわたるのフォーラムの最後のプログラムは，シンポジウム「ミュージアム・ライブラリ・アーカイヴをつなぐもの—アート・ドキュメンテーションからの模索と展望」と題するものであった[1]。

アート・ドキュメンテーション研究会は，「図書館，美術館・博物館，美術研究機関，関連メディア，及びこれらに関係あるものの連絡・提携のもとに，わが国及び国際間におけるアート・ド

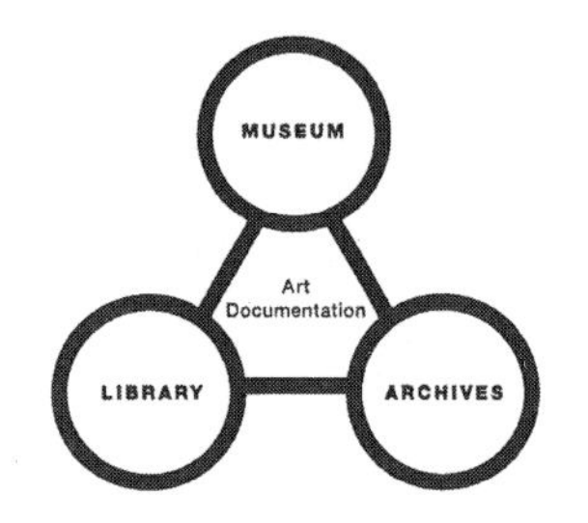

図1　1994年11月19日，シンポジウム会場（国立国会図書館新館講堂）で投影されたシンボル・マーク

図3　「美術資料をめぐる〈外なる／内なる〉ネットワークを考える」『現代の図書館』34巻3号，1996

Two kinds of MLA collaboration

MLA under same roof:

An individual institution with all three types of organizations

MLA in the wild:

Individual independent institutions

図4　2つのMLA連携 by James Michalko, Vice President, OCLC Research, San Mateo, California, 2009. 11. 18

謂わば，MLA 連携の一つの形は，１つの館の中にある，すなわち館の〈内なる〉連携（トライアングル）であり，もう一つの形は，組織を超えての連携，館と館同士の，館の〈外なる〉連携（トライアングル）があるのだ（図３）。

当時アメリカに RLG: Research Library Group という組織があり，美術情報については RLG が OCLC を先導する勢いがあったが，いまは RLG はなくなり，OCLC に吸収されている。元は RLG でその時は，OCLC の副代表であったジェームズ・ミハルコ（James Michalko）氏が，慶應義塾大学から招聘されて重ねて講演を行っていた。

そのミハルコ氏は，2009（平成21）年11月18日，慶應義塾大学メディアセンターでのクローズドな MLA の意見交換会で「アメリカにおける MLA 連携の動向と傾向：Movement and Trends of MLA Collaboration in the US」と題して講演し，MLA 連携の２つの形を，図４のように誰もが感得するようなプレゼンテーションで示したのである。

一つは，“MLA under same roof”，１つの屋根の下に，“An individual institution with all three types of organizations”というのは，〈内なる〉MLA の連携（トライアングル）である。もう一つは，先述した国立国会図書館と国立公文書館と国立近代美術館が連携するというような，〈外なる〉MLA の連携（トライアングル）を，“MLA in the wild”という表現をしていたのである。

４．MLA 連携の展開

4.1　MLA 連携を初めて世に問う　1994年

アート・ドキュメンテーション研究会（現学会）の誕生から５年目を迎えて，MLA 連携を初めて世に問うたのが，1994（平成６）年11月の第１回アート・ドキュメンテーション研究フォーラムであった。もう四半世紀前にもなろうかという催事であるが，国立国会図書館において，「ミュージアム・ライブラリ・アーカイヴをつなぐもの ― アート・ドキュメンテーションからの模索と展望」というタイトルでシンポジウムを開いた。これが日本で最初，あるいは世界的にも早い段階で，MLA の考え方を世に問うた鼎談のシンポジウムだった（図

図5　第1回アート・ドキュメンテーション研究フォーラム　シンポジウム「ミュージアム・ライブラリ・アーカイヴをつなぐもの―アート・ドキュメンテーションからの模索と展望」
右から，安澤秀一駿河台大学教授，上田修一慶應義塾大学教授，高階秀爾国立西洋美術館長，水谷（司会）　1994.11.19　於，国立国会図書館新館講堂

5・高階秀爾国立西洋美術館長，慶應義塾大学文学部図書館・情報学科上田修一教授，駿河台大学文化情報学部安澤秀一教授というMLAの3人の論客)。

本シンポジウムのオーガナイズと司会を担当した筆者には，直接的には先述の岸田劉生資料の体験があってのことだが，それとともにMLAのプロフェッショナルの間にある思考と方法論の差異に直面して，その超克を模索していたが故に，趣旨として，次の一文を草していた。

　ミュージアムやライブラリ，アーカイブにおいて歴史的に蓄積された方法論，もしくはそこに働く人々の身に備わり自然と発揮される資料に対する見方や作法という意味で，curatorshipやlibrarianshipという語にあらわれるシップ（-ship）のありよう言うべきものかもしれません。「ミュージアム・ライブラリ・アーカイヴをつなぐもの」，あるいは「つながる場」

とは，その三者三様のシップの連携，もしくはぶつかりあいのための契機を築くことではないでしょうか[14]。

それはまた，MLAにおける，あるいは美術史研究者と美術図書館員，情報技術者との間においての，1990年代半ばの美術情報を巡る協働の試みの場での，「シップの連携，もしくはぶつかりあい」の軋みを乗り越える試みでもあった。

当時の最も主要な関与者のお一人，キーパーソンであった東京国立博物館の高見沢明雄氏の次の一文が良くその歴史的状況を示しているので，特にここに記して，記録しておきたい。

“情報処理技術”自体の未熟さもある。“情報検索”の問題をそっちのけにしてコンピューター技術に目を奪われてきたツケが，未だにパックス・ロマーナ的な（現代ではパックス・アメリカーナと言うべきか）発想をまかり通らせているとも言える。その発想は一大勢力である図書館学徒を奮い立たせ，コンピューター技術者には安逸をむさぼらせ，中央集権的な行政機構との親和性も良い。正に背水の陣である。余程気を確かに，自らの要求を掘り下げてゆくことが必要であろう[15]。

4.2　あらためて世に問うMLA連携　2009年

2009（平成21）年，アート・ドキュメンテーション学会は20周年を迎え，あらためてもう一度MLA連携について問うというシンポジウムを東京国立博物館平成館講堂において開催した（図6）。

このときは，国立国会図書館の長尾真館長と国立公文書館の高山正也館長，真ん中に坐しているのが京都国立博物館長であり国立文化財機構の佐々木丞平理事長。この3人で21世紀のMLA連携の可能性について鼎談いただいた。

鼎談に続き，MLAからほぼ万遍なく14名の登壇者が2日間にわたり共有的課題としてのMLA連携をそれぞれの立ち位置から討議している様子に，やはり15年の時間の推移がはっきりと伝わったものである（前出の『MLA連携の現状・課題・将来』所収の文献参照のこと）。

図6　第4回アート・ドキュメンテーション研究フォーラム「記念鼎談―これからのMLA連携に向けて」
右から高山正也国立公文書館長，佐々木丞平京都国立博物館長，長尾真国立国会図書館長，水谷（司会）2009.12.5　於，東京国立博物館平成館大講堂

5．MLAの同質と差異

5.1　3.11が遺したもの―MLAの同質について

2回目のMLA連携のシンポジウムから2年も経たないうちに，連携の課題を足元から揺るがす事態が襲った。にもかかわらずというか，それ故に，ミュージアム・ドキュメンテーションの優れて象徴的であり，その誠実さの痕跡を目に焼き付けたのが，陸前高田での体験であった（図7）。

2011（平成23）年6月21日の朝日新聞には，「あなたのタグがあったから　陸前高田の博物館　不明職員の力作　収蔵品回収の命綱」と報じた記事が載った。女性博物館職員の手業になるラミネートされた一片のタグにこそ，MLAのドキュメンテーションが伴うべき倫理性のあること，タグに手書きされた一文字一文字がMのコレクション・アイテムのメタデータであることがあらためて

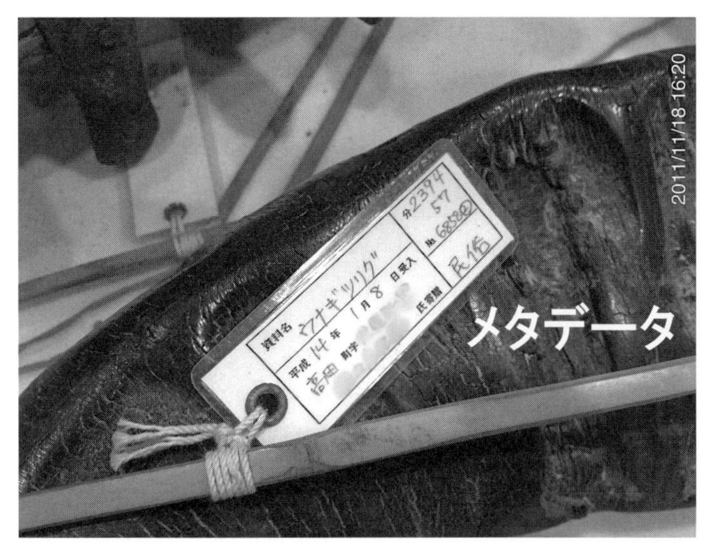

図７　陸前高田市立博物館に残されたラミネート・タグ
この誠実な作業こそが「ミュージアム・ドキュメンテーション」
であり，MLA 連携の基礎であり，倫理である

確認された。

津波の海水に耐えたタグのメタデータが，博物館の再生とコレクションの「継承」への絶対不可欠なものであることをまた理解したのである。

MLA においてあらためて一貫するタスクは何かを考える。それは，集める／集まること，集まってきたものを同定すること，それを記述すること／メタデータをつくること，検索可能にするということ，検索可能にした状態をオープン，パブリックにしてアクセシビリティを高めること，という５つのプロセス，すなわち：

集積［Collection］[16]

同定［Identification］

記述［Description］

検索［Search］

公開［Open］

の以上５ステップは，MLA のいずれにおいても執り行われる，一連の必須の

プロセスであり，その総体をドキュメンテーションと言う。

5.2　MLAの差異

MLAの連携については，MLAの同質について以上に，MLAの差異の考察がさらに必須である。

自筆自稿のマニュスクリプトと並んでプリンテッド・マターであるエフェメラを含むAをMとLの中間的存在として置きながら，MとLとの差異を示すために例えば，国立西洋美術館のクロード・モネの《舟遊び》を思い出してみよう（図8）。

ボートに乗る2人の典雅な女性を描くこの作品の英語題名は《On the Boat》。作品の技法・支持体は油彩・カンヴァスであり，英語表記は〈oil on canvas〉。油彩で描かれたイメージをこの作品のコンテンツ（ないしはメッセージ）と考えるならば，カンヴァスはそのコンテンツ（contents）の支持体（supporter）であり，ないしは運載するキャリア（運載体；carrier）となろう。

まさに油彩（oil）はカンヴァス（canvas）に，あたかも2人の女性がボートに乗っているように，〈on〉しているのである。前出の田窪直規氏の博士論

図8　モネ《舟遊び》1887　国立西洋美術館
oil on canvas: contents on carrier / supporter

文の顰みに倣うならば，「二次元記述系モデル」というところである[17]。

ＭとＬとの差異は，このキャリアへのコンテンツの載り方，〈on〉の仕方ではなかろうか。

〈on〉に着目し，その載りようを２面から検証するならば，一つはコンテンツとキャリアとの結び付きの強さ，あるいは不可分性（Bindingness; Inseparability）であり，いまひとつはコンテンツに対するキャリアの代替可能性（Substitutability）を差異の尺度として想定することを提案したい。

縦軸には唯一性（Uniqueness）の尺度を，横軸の尺度として不可分性（Bindingness）を図９，あるいは代替可能性（Substitutability）を図10のように示す。ＭとＬのコレクション・アイテムの特性の表裏であるが，それはＭとＬの横位置の逆転で示されているだろう。

当然のことながら，Ｍは唯一性と不可分性が高く，代替可能性は低い。〈oil on canvas〉の〈on〉は強固にして不離であり，イメージの支持体が替われば，価値の低減は圧倒的である。対してＬは，印刷物であり複製物であるから，唯一性は低く，そのコンテンツとキャリアは互いに容易に可分であって，キャリアの代替はたやすくかつ日常的（マイクロ化，PDF化，and so on）である。キャリアの代替によってもコンテンツの価値に基本，変動も低減も生じないと

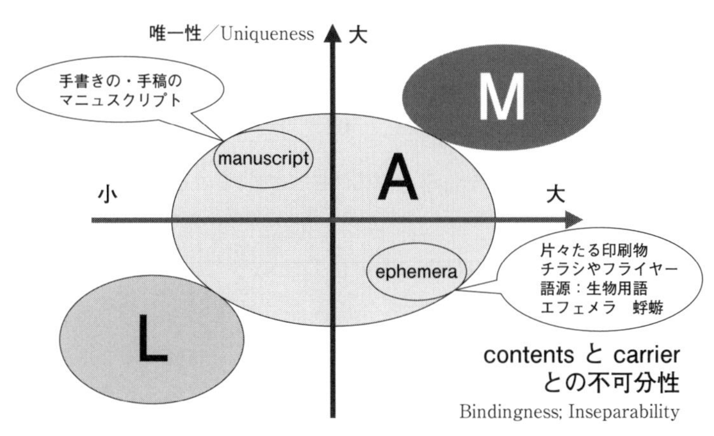

図９　MLAの差異：唯一性／Uniquenessとcontentsとcarrierとの不可分性／Bindingness; Inseparability

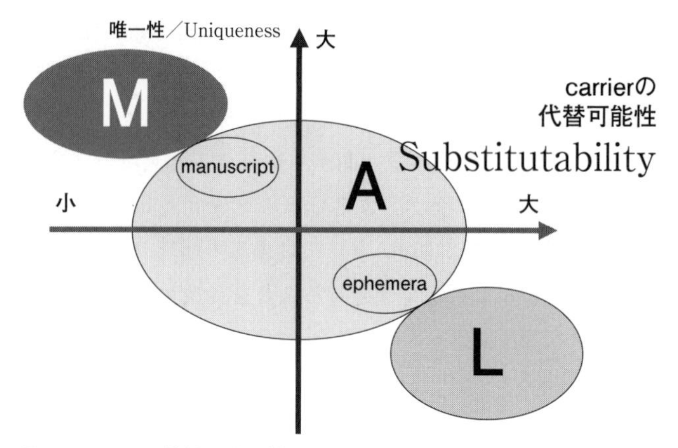

図10　MLAの差異：唯一性／Uniquenessとcarrierの代替可能性／Substitutability

言っても，異論のないことであろう。もちろんM的，A的な性格の濃厚なLの持つ貴重書はその範疇にはないのであるが。

このようにMとLを対極に，そしてAをその両者の中間に置く図（9・10）を頭に描いた上で，次にインターネット空間でのデジタルアーカイブの構築と開放公開，さらにそこにありえる陥穽とも言うべき課題の描出へと進みたい。

6．デジタルアーカイブの課題あるいは場所(トポス)としてのMLAとの往還

インターネット空間に開放公開されるMLAのコレクションをもう一度考えてみよう。

Mはもとより Aであっても，あるいはLであっても，「もの」そのものをこの空間に押し出すことはできない。MLAのコレクションの「もの」をコンピュータのブラウザで知覚しえるようにデジタル化されたもの＝デジタル化物というMLAの「もの」の写像が作られて，それとメタデータとがセットになって，インターネット空間に開放公開されていると考えられるし，その基本構造は，MLAにおいて変わらず一様である（図11）。

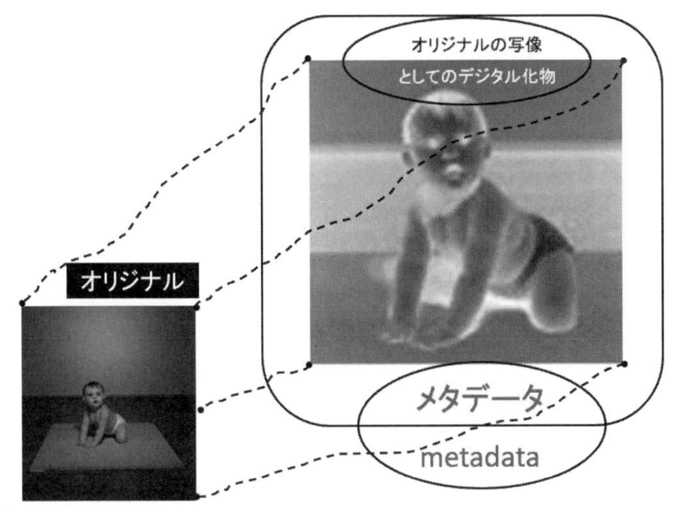

図11　オリジナルとインターネット空間に開放公開される「写像（デジタル化物）」＋「メタデータ」のセットとの関係
オリジナルと写像との関係は MLA それぞれに特性があり，その特性を捉える事は，MLA 連携とデジタルアーカイブにとって決定的に重要である

インターネットを介して MLA のコレクションへアクセスする者は，メタデータのテキストを検索して，そこに紐付けられたデジタル化物をブラウズする。その行為と結果得られる情報なり知識において，既存の MLA の館（やかた）の壁は超克され，あたかも同一の地平において MLA が並び立ち，連携していることを享受する。Europeana であれ，DPLA であれ，あるいは Gallica，などを利用して味わう知的興奮というか快楽は，この壁の超克感にあるとも言える。

そこから先になにを見，なにを構築するかはあくまでもアクセス者のつとめであることを伝え，確認したいと思う。

メタデータとブラウザを介して知覚されるデジタル化物，すなわち MLA のコレクション・アイテムの写像とそもそものオリジナルの「もの」との間にある差異についての検証と考察を欠くならば，思わぬ陥穽に足を取られるだろうことを。オリジナルの「もの」と写像とを秤にかけ，その差異の意味するところを常に問い，さらにはMLAのコレクションの特性を併せ呑んで，その差異に対すべきことは，繰り返し指摘されるべき肝要事であると考える。

そしてデジタルアーカイブの効能を享受しつつ，同時に担うべきつとめと肝要さを再度体験として持つためには，やはりもう一度「もの」に帰り，場所（トポス）としてのMLAを再訪して，インターネット空間にあるデジタルアーカイブとの間において，絶えざる往還を試みてもらいたいということを，以上，MLA連携論の変遷史を私的に辿った試稿の結びとしたい。

註

1：無記名「MLA連携」日本図書館情報学会用語辞典編集委員会編，丸善出版，2013，p. 20.

2：アレクサンドラ・ヤロウ，バーバラ・クラブ，ジェニファー―リン・ドレイパー著，垣口弥生子，川崎良孝訳 『公立図書館・文書館・博物館：協同と協力の動向』（KSPシリーズ7），京都大学図書館情報学研究会，2008，68p.
http://www.educ.kyoto-u.ac.jp/~lib-sci/pdf/IFLA-Profrep108-Jp.pdf [accessed 2017-03-31]
http://www.ifla.org/VII/s8/pub/Profrep108-jp.pdf [accessed 2017-03-31]
Zorich, Diane, Gunter Waibel and Ricky Erway. 2008. Beyond the Silos of the LAMs: Collaboration Among Libraries, Archives and Museums. Report produced by OCLC Programs and Research.
http://www.oclc.org/programs/publications/reports/2008-05.pdf [accessed 2017-03-31]

3：当該3書についての書評は，水谷『日本図書館情報学会誌』2011，57(4)，p. 163-165.

4：本稿は，筆者の下記の既出文献を再編して，大きく加筆したものである。
「研究文献レビュー MLA連携 ― アート・ドキュメンテーションからのアプローチ」『国立国会図書館カレントアウェアネス』2011，308，p. 20-26.
http://current.ndl.go.jp/ca1749 [accessed 2017-03-31]
「MLA連携のフィロソフィー ― “連続と侵犯”という」『情報の科学と技術』2011，61(6)，p. 216-221.
「MLAの差異と同質を踏まえて伝える文化“継承” ― あるクラスの風景から ― 」『DHjp　新しい知の創造』勉誠出版，2014，1，p. 56-60.
「MLA連携の起源と展開 ― 連携の要としての公立図書館の可能性」『ニューズレター別冊』全国公共図書館協議会，2016，p. 1-19.
http://www.library.metro.tokyo.jp/Portals/0/zenkouto/pdf/newsbessatsu160120.pdf [accessed 2017-03-31]

5：東京国立博物館編『東京国立博物館百年史　資料編』同館，1973，p. 6-7.

6：椎名仙卓「付録２　博物館変遷図」『日本博物館成立史　博覧会から博物館へ』雄山閣，2005，p. 226.
2023年４月に刊行された長尾宗典著『帝国図書館 ― 近代日本の「知」の物語』中公新書・2749に掲載の「帝国図書館変遷図」も有用。
7：野崎たみ子「美術図書室の四半世紀」『美術フォーラム21』2000，3，p. 76–79.
8：水谷「本館の情報資料事業」『東京国立近代美術館60年史』同館，2012，p. 159–168.
9：Mizutani. The new trend to share research materials and information among national art museums in Japan. *Art Libraries Journal*, 1988, 13(4), p. 11–14.
10：Lemke, A. B. Art archives: a common concern of archivists, librarians and Museum Professionals. *Art Libraries Journal*, 1989, 14(2), p. 5–11.
Lemke 教授のこの基調講演と並んで，MLA 連携についての重要な萌芽的メッセージは，コロンビア大学エィヴリー建築・美術図書館の Angela Giral 氏による下記文献である。
Giral, A. At the confluence of three traditions: architectural drawings at the Avery Library. *Library Trends*, 1988, 37(2), p. 232–242.
ここで言う“three traditions”とはまさに MLA であり，その合流点としてのエィヴリーを紹介している。*Library Trends* のこの号は，“Linking art objects and art information”を特集している。
11：水谷「米国美術図書館事情　USIA–IVP 報告　Ⅰ–Ⅳ」『現代の眼』430–433，1990. 9–12.
水谷「アメリカにおける美術図書館の現状と課題 ― その歴史・組織・戦略」『現代の図書館』1990，28(4)，p. 205–215.
12：“Archives”. *The Dictionary of Art*, vol. 1. Macmillan Pub., 1996. に収録され，その翻訳（水谷，中村節子共訳）「アート・アーカイヴ」は，『アート・ドキュメンテーション研究』4，1995および『情報管理』39(2)，1996に全文掲載。
13：http://iss.ndl.go.jp/［accessed 2017-03-31］.
14：水谷「シンポジウムの開催にあたって」『第１回アート・ドキュメンテーション研究フォーラム　美術情報と図書館　報告書』アート・ドキュメンテーション研究会，1995，p. 86.
15：高見沢「文化庁「文化財情報システム」について」『美術史研究における基礎資料の共有化とデータベースの活用』研究代表者・米倉迪夫（東京国立文化財研究所情報資料部文献資料研究室長）1992，p. 8.
16：Collection の訳語に「収集」を採らず，「集積」としたのは，上崎千氏がアーカイブに「堆積作用（sedimentation)」を見たことに近い。上崎「基調報告１「〈アーカイヴ的思考〉の堆積作用」」『ART ARCHIVES-one 継承と活用：アート・アーカイヴの「ある」ところ　記録集』*Art Archives Project*, 2012, p. 7–11.
17：田窪直規「情報メディアの構造化記述に就いて：その基礎的視点」
https://tsukuba.repo.nii.ac.jp/?action=repository_uri&item_id=17778&file_id=17&file_no=1［accessed 2017-03-31］

第6章

MLA連携のフィロソフィー
“連続と侵犯”という

本稿を書き進めている本年3月11日の午後2時46分，筆者はMLA（Museum, Library, Archives）連携を視野に入れた国立国会図書館のデジタル情報資源ラウンドテーブルの会議に出席していた。揺れの大きさに，即座に1995（平成7）年の阪神・淡路大震災とその後の博物館・美術館レスキュー隊の活動を思い出していた[1]。

同会議に出席の@arg［岡本真］氏は迅速に「savelibrary @ ウィキー東日本大地震による図書館の被災情報・救援情報」[2]を立ち上げ，日を置かず，@museumya［山村真紀］氏らが「savemuseum @ ウィキー東日本大地震によるミュージアムの被災情報・救援情報」[3]，「savearchives @ ウィキー東日本大地震によるアーカイブズ関連施設の被災情報・救援情報」[4]を立ち上げて，それぞれの被災情報・救援情報の集約に努め，機能させた。#jishinlib, #jishin-musem, #jishinarchives のハッシュタグでTwitterでの情報共有が進み，筆者@takeshimizも「LMAが順に被災情報・救援情報用のWikiを開設，連携の成果を，当面のテクニカルサポートを」「MLA三者連携の試金石を今」「いずれも同じ被害と痛手と必要な復旧対策，タグを共有して地域連携を，いますぐにでなくとも」というツイートを送った。

MLAのトライアングルが隣接する異なる館（やかた）の動向を推測察知して，取り込める・取り込むべきものは取り組んでそれぞれが状況を開いていく。新たな状況は伝達し，共有する。これもまたMLA連携のリアルな実践であることを目の当たりにした。

今回の未曾有の大震災に被災されたすべての皆様へお悔やみとお見舞いを申し上げるとともに，本号刊行時においては，少しでも復興が進んでいることをただただ祈るばかりである。

1．MLA 連携の濫觴

1872（明治5）年3月10日，湯島聖堂大成殿の博覧会をもって文部省博物局博物館は開館し，同28日には「博物局，博物館，博物園，書籍館建設ノ議（博物学之所務）」の決裁が下った。進んで1873（明治6）年6月5日，博覧会事務局の町田久成は「英国「ブリチシ」博物館ハ「スロヲン」ト云人ノ集聚品及ヒ古書籍古文書等，千七百五十三年官ニ収サメシヲ始祖トシテ，其後尚古家及富饒家等ヨリノ寄附献納ノ物ヲ合併シ，終ニ今日ノ盛大ヲ致スニ至レリ。……此両館ノ体裁ヲ基本トシテ前途ノ目的相定申度」と述べて「大博物館創設ノ建議」[5]を史官に上申し，さらに上野寛永寺境内をもって博物館造立の地とすることを求めた。

「此両館」とは大英博物館に加え，「実用ノ事ヲ旨トスル」サウスケンジントン博物館（現ヴィクトリア・アンド・アルバート美術館）の2館のことであるが，わが国の博物館創設者の一人である町田の理想には，1865年ロンドン滞在中に目にした大英博物館円形閲覧室（A. パニッツィが1857年に完成）があり，「集聚品（M）及ヒ古書籍（L）古文書（A）等」を一切一所に集める，大博物館であり MLA が綜合する施設があった。

1870（明治3）年の文部省系物産局から始まり戦後の東京国立博物館，国立国会図書館，国立科学博物館，東京大学理学部附属植物園に至る椎名仙卓氏による「博物館変遷図」[6]を思い浮かべても，日本の博物館，図書館の形成史はきわめて複雑である（A である国立公文書館の設立は1971（昭和46）年）。その歴史は MLA の綜合から機能性向上を果たすための分化と交錯であったと言える。

近年，国内外を問わず MLA の連携がにぎやかに語られ討議される機運の背景には，MLA 個々の資産とそれについてのデータ（メタデータ）および資産代替物としてのデジタルイメージが，Web においては MLA 個々の枠（「館（やかた）」の壁）を越えてアクセス可能になったという技術の開発とともに，近代の内に築かれた分化を再び綜合することを希求する機運がある。

筆者は1989（平成元）年よりアート・ドキュメンテーション学会（創立時研

究会，以下JADS［Japan Art Documentation Society］）にかかわって，主催研究フォーラムの一環として1994（平成6）年，2009（平成21）年の二度にわたりMLA連携をテーマとするシンポジウムを企画モデレートした[7]。

JADSの発足の機縁からこれらシンポジウムの開催に至る過程で遭遇したMLAの連携を自分史の一端として描くことにより，本誌特集「図書館との連携あれこれ」へ向けて稿を起こしたいと思う。

2．アート・アーカイブとの遭遇

図1（第5章に既出，図6（p. 94）を参照のこと）は二度目のMLA連携を国立MLA館長の鼎談として展開したときの模様である。背景に映されたMLAのトライアングルは一度目1994（平成6）年の第1回アート・ドキュメンテーション研究フォーラムの記念シンポジウム「ミュージアム・ライブラリ・アーカイヴをつなぐもの ― アート・ドキュメンテーションからの模索と展望」の時からMLA連携のアイコンとして用いられてきた。

図1　「記念鼎談 ― これからのMLA連携に向けて」
右から高山正也国立公文書館長，佐々木丞平京都国立博物館長，長尾真国立国会図書館長，水谷（司会）　2009. 12. 5
於，東京国立博物館平成館大講堂

1994年の時点においてMLAの領界をアート・ドキュメンテーションの舞台とするには，Aすなわち筆者の場合であればアート・アーカイブとの遭遇が必要だった。

図書館情報学を学んで1985（昭和60）年，東京国立近代美術館企画・資料課資料係の研究官として着任したとき，美術館の中の資料係には公開の図書室はないが図書資料と写真資料があった。1952（昭和27）年，東京・京橋での開館以来，相当数の資料が蓄積していた職場にあって，今日云うところのアート・アーカイブという視点はなく（ものとしてのアーカイブはあったが），Mの中のLをいかに前任者から引き継ぐかだけが目に見える課題として捉えられていた。

前任のT氏は日本における美術書誌年譜編纂家としてその道の第一人者で

あり先駆者であった。氏には「〈美術ノート〉典拠文献」[8]という論考がある。「一つの事実に対して二つの異なる記録があり，いずれに信を置くべきかを判定する根拠に乏しくて困惑したことが何度かある」と書き起こすこの文章における「記録」は，あくまでも公刊印刷資料（今日云うところのエフェメラを含む）が想定されており，文献の一次性（初出性）において典拠能力を論考するものになっていた。

1969（昭和44）年の時点で近代美術の史料批判として典拠文献のあり方を問うたこと自体，極めて先駆的であった。

東京国立近代美術館へ着任した翌年，1986（昭和61）年の夏，IFLA［International Federation of Library Associations and Institutions：国際図書館連盟］東京大会は青山学院大学で開催された。その時の IFLA 美術図書館分科会の開催がJADS 発足の機縁となるのであるが[9]，当時の同分科会議長（Margaret Shaw, Librarian of Australian National Gallery, Melbourne）の誘いで翌々年 IFLA シドニー大会の美術図書館分科会に参加した。その時の基調講演が Antje B. Lemke 名誉教授（Syracuse University）による“Art Archives”[10]であり，この講演はアート・アーカイブという「概念」との初めての遭遇であった。

1988（昭和63）年のシドニーでの体験がアート・アーカイブという「概念」との遭遇であったとするならば，1990（平成2）年米国政府招聘によるアメリカの美術図書館体験，とりわけ**図2**（第5章に既出，図1（p. 88）を参照のこと）の通りの MoMA［Museum of Modern Art, New York：ニューヨーク近代美術館］の Library & Archives との接触がアート・アーカイブの「具体」との遭遇であった[11]。

図2　Clive Phillpot, Library Director & Picasso Archives，ピカソが MoMA 初代館長アルフレッド・バー Jr. に宛てた絵手紙，1990. 2. 26　於，MoMA Library & Archives にて

そして1993（平成5）年，東京国立近代美術館は岸田劉生アーカイヴの遺贈を受け，1996（平成8）年にお披露目の展覧会と目録『岸田劉生　作品と資料：Ryusei Kishida Works and Archives』を編集刊行することになる。本目録はおそらく日本の博物館・美術館の所蔵品目録の英名に Archives を用いた嚆矢であると思われる。

L（ibrary）を持つM（useum）の中にA（rchives）が加わることの意味，あるいはMLAの連携の図は，劉生アーカイヴを目録化する作業と実際に三者を同一の空間に並べて初めて自覚的に捉え得たと記憶している。

第1回アート・ドキュメンテーション研究フォーラム（1994）でのMLA連携のシンポジウム（**図3**，第5章に既出，図5（p. 92）を参照のこと）は，東京国立近代美術館における劉生アーカイヴの受入（1993）から展示（1996）へのちょうど中間の地点で開かれたことになる。

図3　シンポジウム「ミュージアム・ライブラリ・アーカイヴをつなぐもの―アート・ドキュメンテーションからの模索と展望」右から安澤秀一駿河台大学教授（当時），上田修一慶應義塾大学教授，高階秀爾国立西洋美術館長（当時），水谷（司会）1994. 11. 19　於，国立国会図書館新館講堂

3．MLA連携の2つのトライアングル

3.1　“Linking art objects and art information”

上に「Lを持つMの中にAが加わることの意味」と書いたが，三者がトライアングルとして連携することを立体的に把握されるのは，以下に書くように劉生アーカイヴを近代美術館の所蔵する，例えば重文の油彩画《麗子五歳之像》や遺贈された若書きの水彩画が，ライブラリの図書や雑誌，そして劉生の自筆の日記などと同じ空間に並べ展覧されたときだった（図4）[12]。

シドニーのIFLA大会美術図書館分科会においてはLemke教授による基調講演とともにボストン美術館ライブラリのNancy S. Allen氏が“The Art and Architecture Program of the Research Libraries Group”と題してプレゼンテーションしている[13]。このプロジェクト自体はRLG[Research Libraries Group, 後にOCLC［Online Computer Library Center, Inc.］に併合］と北米主要美術図書館を主な舞台とするものだが，当時からRLGにはMLA連携への指向が，特にアートライブラリの文脈において育まれていたことが分かる。

後日，その Allen 氏から送られてきたのが，“Linking art objects and art in-

図4　「岸田劉生　作品と資料」展　1996.6.1–1996.7.7　於，東京国立近代美術館　水彩画《薄暮之海》と「日誌」および美術雑誌『みづゑ』などの関連資料が並べられた

formation” を特集とする *Library Trends*（1988, vol. 37, no. 2）であった。

特集記事の一つがコロンビア大学エィヴリー建築・美術図書館の Angela Giral 氏による「MLA の伝統が合流するところ：エィヴリー図書館の建築ドローイング（At the confluence of three traditions: architectural drawings at the Avery Library）」[14]であり，ここに明確に MLA の合流（confluence）と連携が指摘されていた。

これは筆者管見の限り，最も初期の MLA 連携の文献であり，MLA のトライアングルの萌芽はアートライブラリの文脈から生まれ出たものであると考えている[15]。

3.2　MLA 連携の元型としての〈内なる〉トライアングル

MLA の連携が立体的に立ち上がりトライアングルの図を把握した事例を「岸田劉生　作品と資料」展から一つ挙げてみよう。

以下，劉生の自記：

図 5　遺贈され，作品（Work: M）として分類された水彩画《薄暮之海》／左下に署名；裏に「明治四十年十二月一日　午后二時半ヨリ四時迄　於大森海岸写之　岸田劉生」

図 6 a　遺贈され，資料（Archives: A）として分類された「日誌」表紙／表紙に書込み：「自明治四十年二月一日　至明治四十一年一月三十日」

午後より大森に写生せんとて出で立つ。

海岸を出でゝ松原を写生す。畫半ならざるに汐風の寒きにたへず筆をおひてかへる，

…

　薄暮之海

汐風松に訪れて錚々の楽を奏す。

薄暮の気靉ゝとして万像を籠め，平和なる晩秋の海は紫なり。

松も砂も草も木も夕陽をあびて金色を呈し。のどかなる小波はひた〳〵と岸を洗へり。

灘かもめの群れ一しきり北に飛びて日はようよく落ちぬ。

名残惜しきを捨てゝ吾は畫架ををさめぬ。（了）

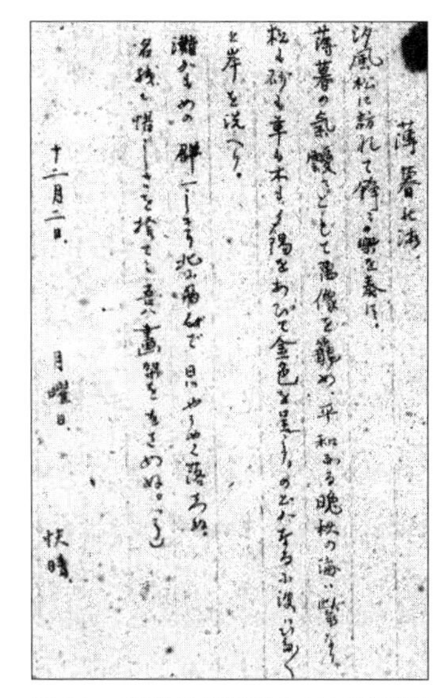

薄暮之海

汐風松に訪れて錚々の楽を奏す。

薄暮の氣靉々として萬像を籠め、平和なる晩秋の海は紫なり。

松も砂も草も木も夕陽をあびて金色を呈し、のどかなる小波はひた〳〵と岸を洗へり。

灘かもめの群一しきり北に飛びて日はやうやく落ちぬ。

名残り惜しさを捨てゝ吾は畫架をさめぬ。（了）

十二月二日。　月曜日。　快晴

図6b　明治40年12月1日の「日誌」の頁

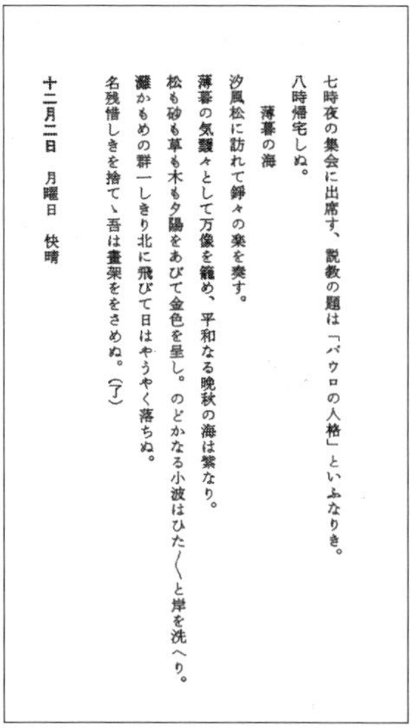

七時夜の集会に出席す、説教の題は「パウロの人格」といふなりき。

八時帰宅しぬ。

薄暮の海

汐風松に訪れて錚々の楽を奏す。

薄暮の気靉々として万像を籠め、平和なる晩秋の海は紫なり。

松も砂も草も木も夕陽をあびて金色を呈し。のどかなる小波はひた〳〵と岸を洗へり。

灘かもめの群一しきり北に飛びて日はやうやく落ちぬ。

名残惜しきを捨てゝ吾は畫架をさめぬ。（了）

十二月二日　月曜日　快晴

図7　「日誌」が翻刻され活字化された岩波版劉生全集所収劉生日記の明治40年12月1日の頁『岸田劉生全集』第5巻，1979，p. 50–51所収（Book: L）

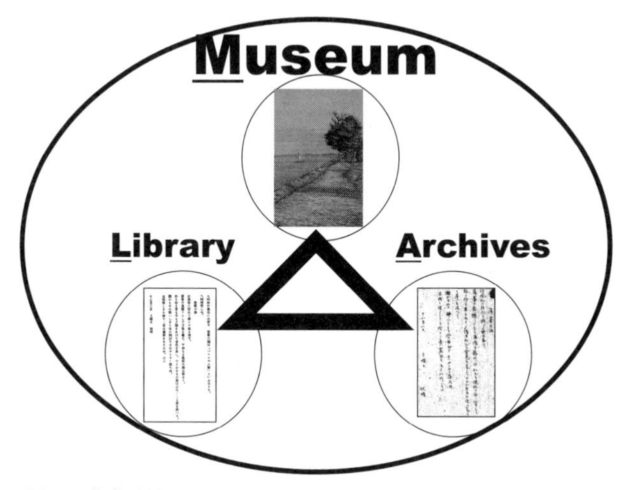

図8　薄暮之海

《薄暮之海》(M) はＬともＡとも，そしてＡとＬもが連携していることが見えてくる（図８）。

これは東京国立近代美術館という一つの館（やかた）の中に存在するMLA連携―〈内なる（inner）〉トライアングル（triangle）であると言えるだろう。

このように作品（イメージ）［M］を軸に関連する文献［L］や作家自筆の手稿・手記［A］などを，さまざまの資史料にわたって博捜し，そこに関係を見いだしていくことは，例えば展覧会へ向けて行われるキュレーションにおいては全く一般のことなのである。それは美術に限らず，イメージを伴う研究全般においてこの連携のあり様を探ることが即ち研究の成果へとダイレクトに繋がることが，多々あるのである。

図１に描かれたトライアングルは，国立の博物館，図書館，文書館という異なる組織／機関としての館（やかた）と館（やかた）のMLA連携―〈外なる（outer）〉トライアングル（triangle）と言える。

この〈内なる／外なる〉トライアングルを明確かつチャーミングに描いてくれたのは，RLGからOCLCに転じVice PresidentをつとめるJames Michalko氏である。

氏は2009（平成21）年11月，慶應義塾大学メディアセンターでのクローズドなMLAの意見交換会で「アメリカにおけるMLA連携の動向と傾向（Movement and Trends of MLA Collaboration in the US)」と題して講演し，「一つ屋根の下のMLA〈MLA under same roof: An individual institution with all three types of organizations〉」と「荒野に立つ３つのMLA〈MLA in the wild: Individual independent institutions〉」を**図９**（第５章に既出，図４（p. 90）を参照のこと）のように示して見せた。

図９　２つのMLA連携by James Michalko, Vice President, OCLC Research, San Mateo,California, 2009. 11. 18

この前者は〈内なる〉トライアングル（図８）であり，後者は〈外なる〉トライアングル（図１）であって，MLA連携に２つのタイプがあることは，拙論[16]とまったく同じなのである。

4．“連続と侵犯”という MLA 連携のフィロソフィー

日本図書館情報学会は「シリーズ　図書館情報学のフロンティア」No. 10として『図書館・博物館・文書館の連携』を2010（平成22）年10月に刊行し，同月10日に「図書館・博物館・文書館の連携をめぐる現状と課題」と題するテーマで年次研究大会のシンポジウムを開催した。パネリストとして登壇した田窪直規氏は上記「フロンティア」の総論「博物館・図書館・文書館の連携，いわゆる MLA 連携について」[17]において OCLC のワイベルらが MLA 連携において提唱する「連携連続体（collaboration continuum）」[18]を紹介している。

「連携連続体（collaboration continuum）」は2009（平成21）年の Michalko 氏のプレゼンテーションにも現れる概念であり（図10），MLA 連携に至るプロセスを考えるにあたって有効なものである。

そもそも MLA の連携を考えるとき，MLA の総体には「差異を孕みつつ連続するもの」というイメージがある。

いずれにも所蔵し扱うものがあり，その扱いにはそれぞれの方法があり，個々

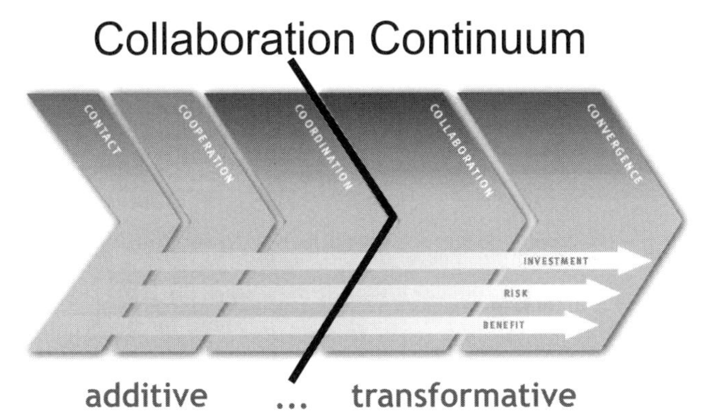

図10　連携連続体 by James Michalko, Vice President, OCLC Research, San Mateo, California, 2009. 11. 18
Contact〉Cooperation〉Coordination〉Collaboration〉Convergence

固有の思考と態度（所作・作法）がある。それをCuratorship, Librarianshipなどと云う[19]。

上述の総論で田窪氏が「図書館も博物館も文書館も“へったくれ”もない世界が出現する」[20]と書くのは，所蔵物の代替としてのデジタル化物がWeb世界で共存した時のことであり，特にMとAの世界においては所蔵物の物質性に根ざしたシップ（-ship；所作・作法）が固有の文化を保持しつつ，互いに差異を孕みながら連続している。そして連続しながら反響しあうところに連携が生じようとするのである。

東京国立近代美術館は1984（昭和59）年以来，現代美術のグループ・ショー「現代美術への視点」を連続して企画開催している。

2002（平成14）年に開かれたのが「連続と侵犯：Continuity/Transgression」であった[21]。「過渡期においては，従来の枠組みの境界を敢えて侵犯する試みが常に必要とされ，それらの試みの集積が結局は歴史というものを形作ってきたともいえる」[22]とその企画は説明されている。

「差異を孕みつつ連続するもの」であるMLAにおいても，「蓄積・検索型の情報サービスを提供」[23]するという同質性において「連続」し，シップの差異を背景として他者への「侵犯」をもって個々の成長を企図する。そこにある緊張感が，MLA連携が意味を持つ可能性を開いていくように思われるのである。

註

1：全国美術館会議阪神大震災美術館・博物館総合調査編集員編『阪神大震災美術館・博物館総合調査報告　I，II』全国美術館会議，1995，147p.；159p.
本報告は「全国美術館会議　大規模災害への対応に関する参考資料」として下記サイトに公開された。http://www.zenbi.jp/topics/11/110315.htm［accessed 2011-03-17］.

2：http://www45.atwiki.jp/savelibrary/［accessed 2011-03-17］.
なお@argの@以下は，ツイッターでのユーザー名。savelibraryから始まるこの流れは，saveMLA，そしてsaveMLAK（博物館・美術館，図書館，文書館，公民館（MLAK）の被災・救援情報サイト）へと進化拡大している。
http://savemla.jp/wiki/saveMLAK［accessed 2011-04-05］.

3：http://www45.atwiki.jp/savemuseum/［accessed 2011-03-17］.

4：http://www47.atwiki.jp/savearchives/［accessed 2011-03-17］.

5：東京国立博物館編『東京国立博物館百年史　資料編』同館，1973，p. 6-7.

6：椎名仙卓「付録2　博物館変遷図」『日本博物館成立史　博覧会から博物館へ』雄山閣，2005，p. 226.

7：水谷「シンポジウムの開催にあたって」高階秀爾，上田修一，安澤秀一「シンポジウム　ミュージアム・ライブラリ・アーカイヴをつなぐもの―アート・ドキュメンテーションからの模索と展望」『第1回アート・ドキュメンテーション研究フォーラム報告書　美術情報と図書館』アート・ドキュメンテーション研究会，1995，p. 85–121.
佐々木丞平，長尾真，高山正也「記念鼎談―これからのMLA 連携に向けて」水谷「MLA〈連携〉のために―15年の歳月を踏まえて　イントロダクションに代えて」『MLA 連携の現状・課題・将来』勉誠出版，2010，p. 1–29；33–37.

8：土屋悦郎「〈美術ノート〉典拠文献」『現代の眼』1969，181，p. 6–7.

9：水谷「IFLA 美術図書館分科会に参加して―日本におけるARLISの可能性を考える」『図書館雑誌』1988，82(12)，p. 817–819.
Mizutani, T. The Japan Art Documentation Society and Art Librarianship in Japan Today. *Art Libraries Journal*. 1989, 14(3), p. 5–6.

10：Lemke, A. B. Art archives: a common concern of archivists, librarians and Museum Professionals. *Art Libraries Journal*, 1989, 14(2), p. 5–11.
後にこの文献は拡張して，Archives. *The Dictionary of Art*, vol. 1. Macmillan Pub., 1996. に収録され，その翻訳（水谷，中村節子共訳）「アート・アーカイヴ」が『アート・ドキュメンテーション研究』(1995，4) と『情報管理』(1996，39(2)) にて全文を掲載。

11：水谷「アメリカにおける美術図書館の現状と課題―その歴史・組織・戦略」『現代の図書館』1990，28(4)，p. 205–215.
水谷「イントロダクション　極私的アート・アーカイヴ小史」『アート・アーカイヴ―多面体：その現状と未来　記録集』アート・ドキュメンテーション学会，2010，p. 31.

12：水谷「美術資料における〈外なる／内なる〉ネットワークを考える」『現代の図書館』1996，34(3)，p. 151–154.

13：Allen, N. S. The Art and Architecture Program of the Research Libraries Group. *Art Libraries Journal*. 1988, 13(4), p. 5–10.

14：Giral, A. At the confluence of three traditions: architectural drawings at the Avery Library. *Library Trends*, 1988, 37(2), p. 232–242.

15：欧米においてはart & architecture libraryは一体的に見なされることが多い。

16：註12文献および水谷「アート・アーカイヴ再考―〈外なる／内なる〉二つのトライアングルをめぐって」『戦後の日本における芸術とテクノロジー　平成16–18年度科学研究費補助金（基盤研究（B））報告書』東京国立近代美術館，2007，p. 88–93．課題番号16320025.

17：同書．勉誠出版，2010，p. 1–22.

18：Waibel, G. et al. Libraries, Archives, Museums: Catalysts along the Collaboration Continuum. *Art Libraries Journal*, 2009, 34(2), p. 17–20.

19：Curatorship, Librarianshipにあたる語はArchivistshipと考えるが，そのような語は無く，語感の近い語としてはarchivyがある。松崎裕子氏のご教示による。http://www.archivists.org/glossary/term_details.asp?DefinitionKey=3214［accessed 2011-03-17］.

20：註17：p. 16.

21：2002年10月29日-12月23日，東京国立近代美術館本館開催

22：［展覧会広報記事］『月刊マナビィ』2002，16，p. 50.

23：高山正也「第58回日本図書館情報学会研究大会シンポジウム記録」『日本図書館情報学会誌』2010，56(4)，p. 220.

第7章

MLA連携
アート・ドキュメンテーションからのアプローチ[1]

1.「災後」を生きる — 前言

本稿を書き進めている2011（平成23）年4月，余震が間断なく続き，さらに福島原発のことを思えば，震災後ではなく，いまだ震災中であろう。

3.11以来，風景が変わってしまった。被災地はもとより非被災地も日本のいずれの地も風景とその見え方が変わった。ミュージアム，ライブラリ，アーカイブ（MLA）という，歴史の時間の堆積において機能するものが，この震災を機にその働きを問い直されていると思う。

Museum Career Development Network（MCDN）は2011年4月16日，公開講座「被災ミュージアムの支援と危機管理対策」[2]を開いた。文化庁文化財部美術学芸課長の栗原祐司は，被災地にある文化財の救出と保全を目的とする文化財レスキュー事業に関する報告において，救済するものの範囲を家の記録としてのアルバムまでも含みたいと述べ，兵庫の博物館の学芸員は1995（平成7）年1月17日の阪神・淡路大震災において，救済しミュージアムが守るべき美術品とそうでないものとの価値の差異とは何なのかを問われたという体験を語った。あるいは被災の現状と復興のプロセスを記録することの意味と必要が，3.11以後，様々な場で説かれている[3]。

MLA（あるいはK＝公民館を含んで）は，東日本大震災被災地での復興の過程で，その存在と機能が問われ，MLA連携の意義と実体もまた問われ，変容するであろう。

すでにsaveMLAKという「博物館・美術館，図書館，文書館，公民館（MLAK）の被災・救援情報サイト」[4]が稼働している。このプロジェクトの進行は，ウェブサイトでの情報支援を基礎としながら，MLAKとその従事者の姿勢を問いつつ，その連携のありようを変えていく予感を孕んでいる。

2．「MLA連携」とは何か？

2.1　本研究文献レビューとアート・ドキュメンテーション

以上前言を書いたのは，MLA連携をレビューすることを目的とする本稿を書くにあたって，3.11に始まるMLAの復旧復興の過程そのものが，MLAとその連携について，日々再考を迫る事態が進行していることを記録しておきたいが故である。

近年のMLA連携の動向については，当然のことながらMLAの個々それぞれの文脈からアプローチと成果が現れており，その全てをフォローすることが困難であるということもあるが，以下，アート・ドキュメンテーションの文脈に沿って，MLA連携に関する研究文献をレビューすることを冒頭お断りしておきたい[5]。この連携の姿を端的に示し，課題の設定としてMLA連携を具体的に提示してきたのが，美術図書館を含んで美術の資料と情報に関わるアート・ドキュメンテーションの文脈においてであったからである。

また，本誌の研究文献レビューは，近年5年程度をその範囲としているが，本稿では通例と異なり，1980年代半ば以降においてわが国で始まるアート・ドキュメンテーションの文脈からMLA連携を見渡したいと考えて，対象文献等のレンジは二十余年の長きになっている。

管見の限り，もっとも早くMLA連携を明確に示した文献は，コロンビア大学エィヴリー建築・美術図書館のヒラル（Angela Giral）による「3つの伝統が合流するところ：エィヴリー図書館の建築ドローイング（At the confluence of three traditions: architectural drawings at the Avery Library）」[6]であった。この文献は，1988年,「美術品と美術情報をつなぐ（Linking art objects and art information）」をテーマに特集した*Library Trends*に掲載されたものである。

著者ヒラルはMLAの3つの伝統が合流（confluence）するところとして，美術建築図書館を描き出し，建築そのものとそのドローイング，そしてその関連文献との間にMLA連携を見いだしている。この特集が出た1988年はアート・ドキュメンテーション研究会（現，アート・ドキュメンテーション学会，以下，JADS）が発足する1年前のことであった。JADSの発足と日本におけるアート・ドキュメンテーションのはじまりは，美術図書館あるいは美術情報の新しい潮流がMLA連携へと向かう，その最初期に遭遇していたことをあらためて指摘しておきたい。

2.2　2009年の国立MLA館長による記念鼎談から

> ［MLAの］全体として見た場合にものすごく相互関係が深いわけですね。ですから，本を見る時には博物館の内容が見たいし，あるいは公文書館の実際の文書 ― 誰が署名しているかとか，そういうことまで見たいということもあるし，博物館から見たら，あるモノを見ている時にそれに関係してどういう研究がなされて，どういう出版物があるかということを知りたいとか，3つの間にはものすごく関係があるわけです。これをなんとか，利用者から見たときに3つがうまく連携した世界として見えてくるというか，利用することができるというか，そういうことにする必要があるんじゃないかと思っております[7]。

長い引用になったが，MLA連携の起源と必要，目指すところが平易かつ的確に語られている。これは，2009（平成21）年12月5日，東京国立博物館平成館大講堂での記念鼎談「これからのMLA連携に向けて」においての長尾真国立国会図書館長の発言である。

鼎談は，「日本のアート・ドキュメンテーション ― 20年の達成　MLA連携の現状，課題，将来」を全体テーマに掲げた2日間にわたるフォーラムの第4部として，佐々木丞平独立行政法人国立文化財機構理事長兼京都国立博物館長，高山正也国立公文書館長とで行われ，国立MLA館長がそろって鼎談した初めての機会となった。

さらに長尾館長は，MLA連携の具体的な方策として，例えば国立国会図書館のPORTA[8]をその走りとして捉え，「［MLAの］それぞれが独立性を持ちながら，なおかつ，上手く連携して，利用者にトータルなシステムとして提示できるという，そういうところを狙っていくのがいちばんいいんじゃないか」[9]

と述べている。

長尾館長の発言のあった記念鼎談を含む文献[10]は，当該フォーラムのほぼ全体を再録する報告書となっており，MLA連携の「現状」については関連する9つの事例を紹介した「第II部　日本のアート・ドキュメンテーション」において報告され，慶應義塾大学，国立国会図書館，国立公文書館，東京国立博物館の事例と意見を踏まえて，討議を含む「第I部　日本におけるMLA連携の現状と課題」がMLA連携の「課題」について検討されている。「将来」については「記念鼎談 — これからのMLA連携に向けて」が稿を費やしている。

このアート・ドキュメンテーション学会のフォーラム報告書の刊行と同じ2010（平成22）年には，日本図書館情報学会によって「シリーズ　図書館情報学のフロンティア」No.10,『図書館・博物館・文書館の連携』が10月に刊行された。同月10日には「図書館・博物館・文書館の連携をめぐる現状と課題」と題するテーマで年次研究大会のシンポジウムが開催された。本書ならびにシンポジウムの記録は，MLA連携を考える上で基本参考文献となるものである[11；12]。

3．アート・ドキュメンテーションにおけるMLA連携

3.1　1994年のフォーラム

MLA連携を掲げて開かれた国内のシンポジウムとしては，JADSによる第1回アート・ドキュメンテーション研究フォーラムにおける「ミュージアム・ライブラリ・アーカイヴをつなぐもの — アート・ドキュメンテーションからの模索と展望」（1994年11月18日，於国立国会図書館新館講堂）が最初であろう[13]。

「図書館，美術館・博物館，文書館，美術研究機関，関連メディア，及びこれらに関係あるものの連絡・提携のもとに……美術情報を扱う学際的専門職能集団の確立に寄与することを目的とする[14]」JADSが，会の重要課題をMLA連携と自覚的に定めたのもまた，この1994（平成6）年の第1回フォーラムからであった。

1994年第1回フォーラムの報告書[15]の通り，このフォーラムにおいては，個別報告が美術図書館員，学芸員，文化財情報学，美術史研究からなされ，続く記念講演がオランダ王立図書館美術部長，前 IFLA 美術図書館分科会議長ウィスハウプト（Maggy Wishaupt）による「美術研究者と美術図書館員 — 電子時代の技能と領域」であったが，この講演ではじめてインターネットを知り，インターネット上で MLA 連携の可能性が開かれることを予感した聴衆は，筆者含め，多かったことを記憶する。

3.2　ライブラリの中にあるイメージ（画像および画像資料）

日本におけるアート・ドキュメンテーションとそのための組織である JADS の起こりが，1986（昭和61）年8月の IFLA 東京大会にあることは，重ねて述べられているのでここでは省くが[16；17]，この時，海外から参加の美術図書館員を前に，専門図書館部会美術図書館分科会において報告された2つの日本の事例が，ともに図書館の中にある「イメージ（画像および画像資料）」を取り上げたことは確認しておきたい。

武蔵野美術大学美術資料図書館の大久保逸雄による「日本のポスター史とドキュメンテーションの現状」[18]であり，東京都立中央図書館の木村八重子の「草双紙の変遷 — 出版美術の視点から」[19]であった。なお大久保は IFLA 東京大会に先立って1980年代から日本におけるアート・ドキュメンテーションの課題を武蔵野美術大学美術資料図書館（日本における ML 融合体の先駆）における実践を踏まえて指摘し，『図書館雑誌』等に文献を残している[20]。

同年（1986）の10月，日仏美術学会は日仏図書館学会との共同研究会として，「美術研究と情報処理 — コンピューターによる画像・文献処理はどこまで可能か」をテーマにする全国大会を開き，当時，言葉としてはまだなかったデジタルアーカイブの先例となる討議を美術史研究の文脈から試みている[21]。

同大会の報告書[22]では，大和文華館，東京国立文化財研究所（当時）の事例紹介とあわせて，慶應義塾大学図書館・情報学科の上田修一が「美術分野のシソーラス」を，当時都立中央図書館員だった波多野宏之が「フランスにおける画像ドキュメンテーションの動向」を報告している。

上田報告は図書館情報学の立場から美術情報へ肉薄したきわめて先例的試み

として評価されるし，波多野報告は長期にわたるポンピドゥーセンター公共情報図書館，特に画像資料課（Service iconographique）での研修を踏まえたものであった。波多野は1987-88年に刊行の論考「画像情報の蓄積と検索 — 美術分野における応用」[23]を経て，1993（平成5）年の単著『画像ドキュメンテーションの世界』[24]へと成果をまとめており，ライブラリの中のイメージ（画像および画像資料）の価値とその組織化の課題を明示している。

これらの動きを背景に欧米にあったARLIS（ARt Libraries Society），すなわち美術図書館協会とは別名によるJADSが1989（平成元）年発足している。名称をめぐる由来と議論は水谷，ファン・デル・ワテレン（Jan van der Wateren）の文献を参照されたい[25]。

3.3　ミュージアムの中にあるライブラリ

IFLA東京大会の開かれた1986（昭和61）年の11月には，日本の美術館の公開図書室として先駆的存在であった東京都美術館の美術図書室が開室十周年を記念して，高階秀爾による「文化としての情報 — 美術図書室を考える」と題する講演会を開いている。講演後の懇親会には，美術図書館員，公開はされていない美術館の中の資料担当者，美術系大学やデザイン系専門学校の図書館員，公共図書館にあって美術図書に興味を抱く者などが参加した。このような人的ネットワークが3年後のJADSの誕生の素地を作っていった。草創期の美術館図書室の歩みは2009（平成21）年の第4回アート・ドキュメンテーション研究フォーラム当日配布の予稿集所収の「年表　日本のアート・ドキュメンテーション — 20年の軌跡　1989-2008　附：『1980年以降の美術図書館をめぐる様々な動き』」[26]に詳しい。

日本の美術館図書室の草創期の様子は野崎たみ子の文献[27]を参照されたい。また，今日の美術館図書室の成果としての美術図書館連絡会（Art Libraries Consortium: ALC）による美術図書館横断検索については水谷の文献[28]を参照されたい。

また，美術研究所（現，東京文化財研究所）における文献・写真資料コレクションの形成と矢代幸雄初代所長の功績については，加藤哲弘[29]，水谷の文献[30]を参照されたい。

1980年代以前の日本の美術図書館および今日言うところのアート・ドキュメンテーションの課題については前出の大久保の文献[31]およびJADS刊行の『アート・ドキュメンテーション研究』創刊号掲載の同氏文献を参照されたい[32]。

なお，JADSの『アート・ドキュメンテーション研究』の創刊に先立ち，日本図書館協会の『現代の図書館』が1990（平成２）年にアート・ドキュメンテーションを特集し，アート・ドキュメンテーションの概説（波多野），北米における美術図書館の課題（水谷），展覧会カタログという資料の固有性（中島），美術情報の取り扱いにおける図書館と博物館の差異（田窪，鯨井）を取り上げて，MLA 連携につながるアート・ドキュメンテーションの基本課題をほぼ網羅する特集となっており重要である。また，アート・ドキュメンテーション研究会による「アート・ドキュメンテーション関係主要文献解題」を付して，1990年時点での関連文献をまとめて紹介している[33]。

3.4　ミュージアムの中にあるアーカイブ

「ミュージアムの中のアーカイブ」について単著が米国で初めて出たのは1984年という[34]。日本のミュージアムにおいてarchivesを英名とした所蔵作品の目録は，『東京国立近代美術館所蔵品目録　岸田劉生　作品と資料（*Catalogue of Collections The National Museum of Modern Art, Tokyo: Ryusei Kishida Works and Archives*）』が嚆矢であると思われる。東京国立近代美術館へ1993（平成５）年に遺贈され，1996（平成８）年に目録を刊行し，特別展示した岸田劉生のアーカイブである。この特別展示と目録の刊行については，水谷の文献[35]があるが，この体験を踏まえて，先述の1994（平成６）年の第１回アート・ドキュメンテーション研究フォーラムにおけるシンポジウムのテーマが浮き彫られたことは確認しておきたい。

ミュージアムにおけるアーカイブと平行して，主として美術音楽等の作家に関わるアーカイブ（アート・アーカイブ）についての多様な発言が始まるのも1990年代後半である。先導した一つが慶應義塾大学アート・センターである。

土方巽（身体表現），瀧口修造（造形・評論），ノグチ・ルーム（彫刻・建築・環境デザイン），油井正一（ジャズ評論）の４つの「アート・アーカイブ」を持つ同センターにおいては[36]，アート・センター所長をつとめた前田富士男による「ジェネティック・アーカイヴ・エンジン」，作家の創作行為の起点としてのアーカイブ機能と言うべきもの，に関わる種々の論考がアート・アーカイブの理論構築を推進した[37]。

アート・アーカイブにおけるドキュメンテーションの課題についても図書館情報学，情報社会学，美術史学の分野から論考が寄せられて，「アート・アーカイヴズ／ドキュメンテーション ― アート資料の宇宙」と題する同センターのブックレットとして刊行されている[38]。

2000（平成12）年には東京国立近代美術館のニュース誌『現代の眼』が「アート・アーカイヴ」を特集して，美術館，博物館，文学館におけるアーカイブの実例を複数紹介しており，ミュージアムにおけるアーカイブの位置づけの鮮明化に貢献している[39]。さらに，2010（平成22）年のJADS年次大会ではテーマを「アート・アーカイヴ ― 多面体：その現状と未来」として，美術，写真，建築，舞踏から多面的なアート・アーカイブの検証するシンポジウムを開催しており，アート・アーカイブの議論のフィールドは大きな広がりを見せており，報告書も後日刊行されている[40]。

3.5　MLA連携の2つのトライアングルの発見

このような一連の流れの中で，1994（平成6）年の時点にて，「ミュージアム・ライブラリ・アーカイヴをつなぐもの」のシンポジウムが開催されたのであるが，当時にあっては登壇者相互において，MLA連携への理解と展望が十分なものであったとは言い難かったのも事実である。

しかしながら今日では，MLA連携をテーマとしたシンポジウムは日本図書館情報学会のものなどを含めて，かなりの数が確認され，MLA連携の形とその必要についての理解も浸透しつつあるようである[41]。

筆者は1994年のシンポジウム以来，MLA連携には「〈内なる〉トライアングル」と「〈外なる〉トライアングル」という2つのトライアングルがあることを説明してきた[42]。

これをOCLCのミハルコ（James Michalko）は，「一つ屋根の下のMLA〈MLA under same roof: An individual institution with all three types of organizations〉」と「荒野に立つ3つのMLA〈MLA in the wild: Individual independent institutions〉」と説明しているが，この論はMLA連携に現れる2つのトライアングル，すなわち「館の内」と「館の外（館同士の）」という2つの連携があるという水谷の説明と同義である[43]。

4．MLA 連携を支える規範と技術

4.1　広がる MLA 連携とそれを支える規範と技術

第2章において，MLA連携の姿を端的に示し，課題の設定としてMLA連携を具体的に提示してきたのが美術図書館を含んで美術の資料と情報に関わるアート・ドキュメンテーションであったことを，JADS開催のシンポジウムの紹介などを通して述べた。

すでにMLA連携は，アート・ドキュメンテーションの範疇を超える広がりを見せており，MLA個々の存立と機能に関わってその将来展望の開拓を図るとき，いまや欠かすことのできない視点になっていると言えるだろう。

今日，MLA連携を指向する時，この連携を支える規範と技術は，以下のようにメタデータとデジタルアーカイブの構築の2点に集約されるだろう。

4.2　MLA 連携におけるメタデータの課題

先述の日本図書館情報学会の『図書館・博物館・文書館の連携』で巻頭総論となっている田窪論文「博物館・図書館・文書館の連携：いわゆるMLA連携について」は，MLA連携に関わってきわめて優れたレビューともなっている[44]。

著者年来の主張であるのだが，当該論文中に，「資料をデジタル化（電子化）すれば，図書館資料のみならず，博物館資料や文書館資料やその他の資料も統合的に扱え，図書館も博物館も文書館も“へったくれ”もない世界が出現する」[45]という指摘がある。

この「“へったくれ”もない世界」を実現するためのキーとなる事象が，MLAにおける個々の所蔵物についてのメタデータの形成と統合的マッピングのための規範の整理と技術の開発であろう。特にメタデータについては，MLA連携

に関わって重要な文献が，研谷紀夫の単著『デジタルアーカイブにおける「資料基盤」統合化モデルの研究』[46]であり，八重樫純樹を科研代表とする「広領域分野資料の横断的アーカイブズ論に関する分析的研究」[47]などの研究である。八重樫には鈴木良徳との共著論文において記述規則におけるMLAの差異を検証する文献がある[48]。

独立行政法人人間文化研究機構の研究資源共有化システムの統合検索などもMLA連携におけるメタデータの統合という面から貴重な事例である[49]。

日本図書館情報学会が2004（平成16）年に編集刊行の『図書館目録とメタデータ』には，第III部に「隣接領域における資料記述とメタデータ」の章があり，森本祥子がアーカイブから[50]，水嶋英治がミュージアムから[51]，それぞれのメタデータの動向を報告している。

4.3　デジタルアーカイブ

MLA連携とデジタルアーカイブとが緊密な関係にあることは誰もが認めるところであり，1990年代末から2000年代の半ばまで，日本のデジタルアーカイブを文字通り推進したのがデジタルアーカイブ協議会である。

この協議会自体は2005（平成17）年6月30日をもって解散したが，2001（平成13），2003（平成15），2004（平成16），2005（平成17）年において『デジタルアーカイブ白書』を残し，また「デジタルアーカイブ　権利と契約の手引き　契約文例＋Q&A集」「デジタルアーカイブへの道筋（ハンディ・ロードマップ）」等の貴重な成果をいまなおウェブサイトに公開している[52]。同協議会の事務局長をつとめた笠羽晴夫によるデジタルアーカイブ論は多くの事例の観察に基づくものであり貴重である[53]。

国立国会図書館においても2010（平成22）年3月1日にデジタル情報資源ラウンドテーブル本会議を発足させており[54]，記念の講演会[55]などの，MLA連携に関わる旺盛な活動を展開している。

5．施策としてのMLA連携の可能性

2010（平成22）年の4月から5月にかけて，文化審議会の文化政策部会のも

とに，舞台芸術，メディア芸術・映画，美術，くらしの文化，文化財の5つのワーキンググループが組織され，以後5年間の文化芸術の振興に関し，集中的な討議が行われた。

筆者は美術ワーキングに委員として属し，5月7日に主として，美術館における所蔵作品のメタデータとアーカイブの整備に関する報告を行った[56]。

これらワーキングでの議論は文化政策部会でのまとめの審議を経て，2011年1月31日，文化審議会総会において西原鈴子会長（元東京女子大学教授）より高木義明文科大臣へ「文化芸術の振興に関する基本的な方針（第3次）について」と題された答申が手渡され，2月8日，第3次基本方針として閣議決定された。これは文化芸術振興基本法に基づくおおむね5年間（2011-2015年度）の文化芸術振興に関わる基本方針となるものである[57]。

この方針の「第3　文化芸術振興に関する基本的施策／9．文化芸術拠点の充実等／（2）美術館，博物館，図書館等の充実」の10項目の中に，以下の文言が記載され[58]，MLA 連携は文化芸術の振興に関わる施策の一つに位置づけられることになった。

- 優れた文化財，美術作品等を積極的に保存・公開するため，所蔵品の目録(資料台帳)の整備を促すとともに，書誌情報やデジタル画像等のアーカイブ化を促進する。

- 各地域に所在する貴重な文化芸術資源の計画的・戦略的な保存・活用を図るため，博物館・図書館・公文書館（MLA）等の連携の促進に努める。

6．おわりに — 震災復興と地域資料，そして MLA 連携

MLA 連携が具体的に効果を発揮するフィールドとして，地域資料があることはしばしば指摘されてきた[59]。その中の一つの文献において，長谷川伸は，「地域資料の収集・保存・活用」と MLA 連携が関わる課題として，①蔵書（所蔵）資料としての地域資料情報のネットワーク，②地域資料の科学的な保存管

理，③レファレンス技術・知識の共有・連携を提唱し，「それぞれの専門知識を土台に，守備範囲を補いながら組織的に連携する」ことが，MLA連携の要諦であると指摘している[60]。

これはまことに正鵠を射た指摘であり，MLA連携はウェブ上の連携であるとともに，それ以上に例えば地域資料という具体かつ現場のある資料に向けてこそ，今後，もっとも効力を発揮する／発揮しなければならない連携の課題があると考えられる。

3.11の地震とその直後の津波が奪った東日本の多くの文化財，とりわけ地域の文書類の喪失の大きさは想像を越える。

MLA連携が「文化芸術の振興に関する基本的な方針（第3次）」において推進すべき課題として明記されたことの重さを思いつつ，関係する人々とのネットワークを一層強く深いものとして築き，そして失われ，いままさに危機に瀕する東日本大震災被災地の地域資料の復旧を一つの試金石として，MLA連携の可能性をより多くの方々と探り，構築していきたいと願っている。

註

1：本稿とほぼ同じ時期に執筆し，また刊行も同じ月を予定している『情報の科学と技術』誌掲載の拙稿「MLA連携のフィロソフィー――“連続と侵犯”という」と連動し，いささかの重複のあることを予めお断りさせていただきたい。
水谷長志．MLA連携のフィロソフィー：“連続と侵犯”という．情報の科学と技術．2011，61(6)，p.216-221.

2：“公開講座「被災ミュージアムの支援と危機管理対策」&写真展のご案内”．Museum Career Development Network. 2011-04-27.
http://www.mcdn.jp/2011/04/blog-post.html，（参照2011-04-16）.

3：松岡資明．被災地の記憶　デジタル保存．日本経済新聞．2011-05-14，朝刊，p.40.

4：saveMLAK. http://savemlak.jp/wiki/SaveMLAK，（参照2011-04-16）.

5：美術に限らず広くMLA連携を調査した報告書としては下記が貴重であり，翻訳書も刊行されている。
Yarrow, Alexandra et al. Public Libraries, Archives and Museums：Trends in Collaboration and Cooperation, IFLA, 2008, 51p.
http://archive.ifla.org/VII/s8/pub/Profrep108.pdf，（accessed 2011-04-16）.
ヤロウ，アレクサンドラほか．公立図書館・文書館・博物館：共同と協力の動向．垣口弥生ほか訳．京都大学図書館情報学研究会，2008，68p.
http://www.educ.kyoto-u.ac.jp/~lib-sci/pdf/IFLA-Profrep108-Jp.pdf，（参照2011-05-

16).
6：Giral, Angela. At the confluence of three traditions: architectural drawings at the Avery Library. Library Trends. 1988, 37(2), p. 232–242.
7：水谷長志編著．MLA 連携の現状・課題・将来．勉誠出版，2010，p. 22.
8：PORTA（国立国会図書館デジタルアーカイブポータル）．http://porta.ndl.go.jp/, (参照2011-04-16).
9：佐々木丞平ほか．“記念鼎談 — これからの MLA 連携に向けて”．MLA 連携の現状・課題・将来．水谷長志編著．勉誠出版，2010，p. 22.
10：水谷長志編著．MLA 連携の現状・課題・将来．勉誠出版，2010，296p.
11：日本図書館情報学会研究委員会編．図書館・博物館・文書館の連携．勉誠出版，2010，186p.
12：第58回日本図書館情報学会研究大会シンポジウム記録「図書館・博物館・文書館の連携をめぐる現状と課題」．日本図書館情報学会誌．2010，56(4)，p. 220–224.
13：本フォーラムの全体にわたる報告書として，以下の文献が刊行された。
アート・ドキュメンテーション研究会1995編．美術情報と図書館：第1回アート・ドキュメンテーション研究フォーラム報告書．アート・ドキュメンテーション研究会1995，1995，184p.
14：アート・ドキュメンテーション会則．アート・ドキュメンテーション研究．2004，(11)，p. 150.
会則に「文書館」が加えられたのは，前年2003年6月の総会での会則改正からによってである。
15：アート・ドキュメンテーション研究会1995編．美術情報と図書館：第1回アート・ドキュメンテーション研究フォーラム報告書．1995，184p.
16：水谷長志．特集，IFLA シドニー大会報告：IFLA 美術図書館分科会に参加して：日本における ARLIS の可能性を考える．図書館雑誌．1988，82(12)，p. 817–819.
17：Mizutani, Takeshi. The Japan Art Documentation Society and Art Librarianship in Japan Today. Art Libraries Journal. 1989, 14(3), p. 5–6.
18：Okubo, Itsuo. “History of posters in Japan and the present states of their documentation”. IFLA General Conference. Tokyo, Japan. 1986-08-23/29. IFLA. 1986. p. 1–5.
Okubo, Itsuo. History of posters in Japan and the present state of their documentation. Art Libraries Journal. 1986, 11(4), p. 14–18.
大久保逸雄．特集，シリーズ・IFLA 東京大会発表ペーパーを読む⑤：国際文化摩擦の一断面：ボストン美術館・アレンさんの指摘から学ぶもの．図書館雑誌．1987，81(6)．p. 342–343.
19：Kimura, Yaeko. “The Change of Illustrated Story Books in Edo Period (1660–1880)”. IFLA General Conference. Tokyo, Japan. 1986-08-23/29. IFLA. 1986. p. 1–12.
20：大久保逸雄．日本における美術史ドキュメンテーションの諸問題（1)，図書館雑誌．1981，75(10)，p. 644–645.

大久保逸雄．日本における美術史ドキュメンテーションの諸問題（2）．図書館雑誌．1981，75(11)，p.714-716．

上記2つの文献は1980年IFLAマニラ大会での美術図書館ラウンドテーブルでの口頭発表論文の翻訳である。初出は次の文献である。

Okubo, Itsuo. Problems in art documentation in Japan. Art Libraries Journal. 1980, 5 (4), p. 25-33.

21：日仏美術学会．美術研究と情報処理：コンピューターによる画像・文献処理はどこまで可能か．日仏美術学会，1987，143p.

22：日仏美術学会．美術研究と情報処理：コンピューターによる画像・文献処理はどこまで可能か．日仏美術学会，1987，143p.

23：波多野宏之．画像情報の蓄積と検索：美術分野における応用Part1．書誌索引展望．1987，11(4)，p.1-11.

波多野宏之．画像情報の蓄積と検索：美術分野における応用Part2．書誌索引展望．1988，12(1)，p.21-29.

24：波多野宏之．画像ドキュメンテーション世界．勁草書房，1993，189p.

25：Mizutani, Takeshi. The Japan Art Documentation Society and Art Librarianship in Japan Today. Art Libraries Journal. 1989, 14(3), p. 5-6.

ファン・デル・ワテレン，ヤン．美術館情報処理システムの諸問題：ヴィクトリア・アンド・アルバート美術館を中心に．アート・ドキュメンテーション研究．1994,(3)，p.3-11.

26：平井紀子ほか．“年表日本のアート・ドキュメンテーション―20年の軌跡1989-2008：附：「1980年以降の美術図書館をめぐる様々な動き”．日本のアート・ドキュメンテーション―20年の達成MLA連携の現状，課題，そして将来．アート・ドキュメンテーション学会，2009，p.55-108.

27：野崎たみ子．特集，21世紀へのまなざし：美術館・コレクター・画廊の現場から：美術図書室の四半世紀．美術フォーラム21．2001，3，p.76-79.

28：水谷長志．ミュージアム・ライブラリの可能性：人と情報のネットワーキングのもとに．図書館雑誌．2004，98(7)，p.438-441.

水谷長志．美術図書館横断検索　by ALC：その公開と課題．アート・ドキュメンテーション研究．2005,(12)，p.27-34.

水谷長志．特集，平成18年度専門図書館協議会全国研究集会：第五分科会：新しい動きと挑戦・事例紹介：美術館図書室の過去・現在・未来：ALCへの道のりをふり返って．専門図書館．2006,(219)，p.73-77.

Art Libraries' Consortium. http://alc.opac.jp/，（参照2011-04-16）.

29：加藤哲弘．“矢代幸雄と近代日本の文化政策”．芸術／葛藤の現場．晃洋書房，2002，p.69-84，（シリーズ近代日本の知，4）.

30：水谷長志．“矢代幸雄の美術図書館プラン”．図書館情報学の創造的再構築：藤野幸雄先生古稀記念論文集．勉誠出版，2001，p.251-261.

31：Okubo, Itsuo. History of posters in Japan and the present state of their documentation. Art Libraries Journal. 1986, 11(4), p. 14-18.

大久保逸雄．特集，シリーズ・IFLA東京大会発表ペーパーを読む⑤：国際文化摩擦の一断面：ボストン美術館・アレンさんの指摘から学ぶもの．図書館雑誌．1987, 81(6)．p. 342-343.

32：大久保逸雄．アート・ドキュメンテーション序説．アート・ドキュメンテーション研究．1992, (1)，p. 5-19.

33：特集，アート・ドキュメンテーション．現代の図書館．1990，28(4)，p. 198-253.
各論考は，次の通り。波多野宏之「アート・ドキュメンテーションの提起するもの」，水谷「アメリカにおける美術図書館の現状と課題」，中島理壽「日本展覧会カタログについての一考察」，田窪直規「美術作品の情報管理：図書館の場合と博物館の場合」，鯨井秀伸「作品データと文献データとのリンク，あるいは美術情報の検索システム化」。

34：筒井弥生．ミュージアムにおけるアーカイブズ管理という考え方と実態．アート・ドキュメンテーション研究．2011, (18)，p. 53.
第2版は2004年刊行。
Wythe, Deborah ed. Museum Archives : An Introduction. 2 nd ed., Society of American Archivists, 2004, 256p.

35：水谷長志．美術資料における〈外なる／内なる〉ネットワークを考える．現代の図書館．1996，34(3)，p. 151-154.

36："アーツ・アーカイヴ：新しい感性と知の空間をめざして"．慶應義塾大学アート・センター．http://www.art-c.keio.ac.jp/archive/，(参照2011-04-16).

37：前田には多くの論考があるが，例えば，以下の論考が挙げられる。
前田富士男．"アーカイヴと生成論（Genetics)：「新しさ」と「似ていること」の解読にむけて"．ジェネティック・アーカイヴ・エンジン：デジタルの森で踊る土方巽．慶應義塾大学アート・センター，2000，p. 80-95.（慶應義塾大学アート・センターブックレット，6）.

38：慶應義塾大学アート・センター編．アート・アーカイヴズ／ドキュメンテーション：アート資料の宇宙．慶應義塾大学アート・センター，2001，91p.（慶應義塾大学アート・センターブックレット，7）
本書には，高山正也「アート・ドキュメンテーションの基礎：アート資料の世界とその組織化のあり方」，田窪直規「情報メディアを捉える枠組：図書館メディア，博物館メディア，文書館メディア等，多様な情報メディアの統合的構造化記述のための」，八重樫純樹「時間―空間情報をベースとした分野横断的アーカイブズ論への考察」，鯨井秀伸「オブジェクト・ドキュメンテーションにおけるデータ・リレーションシップおよびコンテキストにおけるカテゴリーについて」を掲載する。

39：特集，アート・アーカイヴ．現代の眼．2000，523，p. 1-11.
以下の論考を掲載。田中淳「近代美術アーカイヴとダンボール箱」，森仁史「フィールドワークからアーカイヴへ」，平澤宏「アーカイヴとしての「萬鉄五郎書簡集」出版に至るまで」，小澤律子「国吉康雄アーカイヴスの形成とAAAのこと」，藤木尚子「神奈川近代文学館の特別資料について」。

40：アート・アーカイヴ—多面体：その現状と未来［記録集］．アート・ドキュメンテーション学会，2010，35p.
例えば，2010年2月21日のシンポジウム「建築アーカイヴの現在と未来」など。
“資料脅かす市場経済：建築アーカイブ巡り，東大でシンポ”．朝日新聞．2010-03-23.
http://www.asahi.com/culture/news_culture/TKY201003230115.html，（参照2011-04-16）.
41：例えば，東京大学経済学部資料室開室記念シンポジウム「資料を残す・未来に伝えるLIBRARY・MUSEUM・ARCHIVESをつなぐ」，2010年7月30日，於東京大学経済学研究科学術交流棟。
“資料室開室記念シンポジウム【7月30日（金）開催】のお知らせ”．東京大学経済学図書室ニュース．2010-07-06.
http://www.lib.e.u-tokyo.ac.jp/news2/adiary.cgi/08，（参照2011-04-16）.
42：水谷長志．美術資料における〈外なる／内なる〉ネットワークを考える．現代の図書館．1996，34(3)，p. 151-154.
水谷長志．“アート・アーカイヴ再考—〈外なる／内なる〉二つのトライアングルをめぐって”．松本透ほか．戦後の日本における芸術とテクノロジー：2004-2006年度科学研究費補助金（基盤研究（B））報告書．東京国立近代美術館，2007，p. 88-93.
43：水谷長志．MLA連携のフィロソフィー：“連続と侵犯”という．情報の科学と技術．2011，61(6)，p. 216-221.
この稿に記したように，ミハルコの論は慶應大学におけるクローズドな研究会でのプレゼンテーションによるものであるが，この同義であることに関わる資料は氏の好意により上記文献に再録しているので，参照されたい。
44：田窪直規．“博物館・図書館・文書館の連携：いわゆるMLA連携について”．図書館・博物館・文書館の連携．勉誠出版，2010，p. 1-22.
海外におけるMLA連携についてのレビューとしては他に下記がある。
菅野育子．欧米における図書館，文書館，博物館の連携：Cultural Heritage Sectorとしての図書館．カレントアウェアネス．2007,(294)，p. 10-16.
http://current.ndl.go.jp/ca1944，（参照2011-04-16）.
金容愛．図書館・文書館・博物館における連携の動向．文化情報学．2009，16(1)，p. 33-43.
45：田窪直規．“博物館・図書館・文書館の連携：いわゆるMLA連携について”．図書館・博物館・文書館の連携．勉誠出版，2010，p. 16.
46：研谷紀夫．デジタルアーカイブにおける「資料基盤」統合化モデルの研究．勉誠出版，2009，379p.
研谷には北岡他との共著『Guideline Guideline for デジタルカルチュラルヘリテージ構築のためのガイドライン　評価版　ver. 1. 0』がある。
“Guideline Guideline for デジタルカルチュラルヘリテージ構築のためのガイドライン　評価版　ver. 1. 0”．社会情報研究資料センター.

http://www.center.iii.u-tokyo.ac.jp/wp-content/uploads/GuidelineForDigitalCulturalHeritage10.pdf,（参照2011-04-16）.
47：八重樫純樹ほか．広領域分野資料の横断的アーカイブズ論に関する分析的研究：2001-2003年度科学研究費補助金（基盤研究（B））研究成果報告書．静岡大学，2004，238p.
八重樫純樹．横断的アーカイブズ論の総合化・国際化と社会情報資源基盤の研究開発．2005-2007年度科学研究費補助金（基盤研究（B））研究成果報告書．静岡大学，2008，358p.
48：鈴木良徳ほか．MLA の記述規則に関する比較研究．情報処理学会誌．2010，20(2)，p. 215-220.
http://www.jstage.jst.go.jp/article/jsik/20/2/215/_pdf/-char/ja/,（参照2011-04-16）.
49：“研究資源共有化システム” 大学共同利用機関法人人間文化研究機構.
http://www.nihu.jp/sougou/kyoyuka/system/index.html,（参照2011-04-16）.
50：森本祥子．“アーカイブズにおける記述標準化の動向”．図書館目録とメタデータ．勉誠出版，2004，p. 145-164.
51：水嶋英治．“博物館・美術館における所蔵資料記述とメタデータ”．図書館目録とメタデータ．勉誠出版，2004，p. 165-187.
52：デジタルアーカイブ推進協議会（JDAA）関連情報.
http://www.dcaj.org/jdaa/,（参照2011-04-16）.
53：笠羽晴夫．デジタルアーカイブ：基点・手法・課題．水曜社，2010，200p.
54：“デジタル情報資源ラウンドテーブル”．国立国会図書館.
http://www.ndl.go.jp/jp/aboutus/roundtable.html,（参照2011-04-16）.
55：講演会は，エルランド・コールディング・ニールセン（デンマーク王立図書館長），ジル・カズンズ（欧州デジタル図書館事務局長）「知的資産を繋ぐ — ヨーロッパの実践（2011-03-02）」であった。
国立国会図書館編．国立国会図書館月報．国立国会図書館．2010,(589)，p. 29.
http://www.ndl.go.jp/jp/publication/geppo/pdf/geppo1004.pdf,（参照2011-04-16）.
菅野育子．“欧州のデジタルアーカイブとその連携：Europeana を中心として”．国立国会図書館.
http://www.ndl.go.jp/jp/news/fy2010/europeana.pdf,（参照2011-04-16）.
56：水谷長志．“ヒアリング（アーカイブ関係）”．文化審議会文化政策部会美術ワーキンググループ（第3回）．2010-05-07.
http://www.bunka.go.jp/bunkashingikai/seisaku_wg/bijutsu_03/pdf/shiryo_2_1_ver02.pdf,（参照2011-04-16）.
水谷長志．“美術ワーキング：ヒアリング（アーカイブ関係）”．文化庁.
http://www.bunka.go.jp/bunkashingikai/seisaku_wg/bijutsu_03/pdf/shiryo_2_2_ver02.pdf,（参照2011-04-16）.
57：“文化芸術の振興に関する基本的な方針（平成23年2月8日閣議決定）”．文化庁.
http://www.bunka.go.jp/bunka_gyousei/housin/kihon_housin_3ji.html,（参照2011-

04-16).
長官官房政策課．文化芸術の振興に関する基本的な方針（第3次基本方針）．文化庁月報．2011，510，p. 4-19.

58：“(2) 美術館，博物館，図書館等の充実”．文化庁．
http://www.bunka.go.jp/bunka_gyousei/housin/kakugikettei_110208/03-9-2.html, (参照2011-04-16).

59：新井浩文．特集，平成22年度（第96回）全国図書館大会への招待：第9分科会：地域資料をめぐる図書館とアーカイブズ：その現状と未来．図書館雑誌．104(8)，2010，p. 489.
全国図書館大会（2010年9月16-17日）の「地域資料をめぐる図書館とアーカイブズ―その現状と未来」をテーマとする第9分科会〔資料保存〕の企画紹介。ここではLMA連携と表記。

60：長谷川伸．現場レベルで考えるMLA連携の課題：全国歴史資料保存利用連絡協議会関東部会総会講演：根本彰氏「地域資料とは何か―国立国会図書館調査に基づいて」参加記．ネットワーク資料保存．2008, (88)，p. 6.

第8章 第2部のための補論 第1篇

アート・ドキュメンテーション研究会の発足にあたって

今，私たちは大いなるとまどいと壊疑の中にいながら“文化”という言葉に対面しているのではないでしょうか。私たちは，その“文化”なる言葉の示す世界の極く一面であろう博物館・美術館そして図書館と，さまざまな形で連なるところに働き，模索している者たちが集まって，一つのフォーラムをつくりたいと願っております。その場で話される主たるテーマは先に示しました連なりの場を支えるであろう最も基盤的な作業としての「アート・ドキュメンテーション」，あるいは「アート・ライブラリ」の創成にかかわることであります。

遺物・作品としての“もの”を納める倉，それを飾る部屋として歩みを始めた博物館・美術館が一つのメディアとなり情報の発進源へと変貌を求められ，図書館が多様な媒体形式に依拠しつつ情報の収集・蓄積から検索・提供を果たす機能へ拡大することを求められている今日にあっては，これまでの歴史の経過のうちに生じてしまった両者の乖離を，今こそ，埋めていかなければならない，と第一に考えています。

このような館種・機関の枠組みを超えて“文化”なるものの有り様に辿りつく大きな問題に私たちのささやかな力で寄与できるかもしれない統一的な視座として，アート・ドキュメンテーションを置くことが可能かつ有効ではないだろうか，と考えました。

“もの”にせよ“文献”にせよ，集積され一つのコレクションを形成するとき，まず初めになされることはコレクションを構成する一つ一つの要素の同定と記述であります。記述された“データ”が，そのコレクションの様相を伝える“情報”にまで洗練され，検索および提供に耐えうるまでに育て上げる一連の組織化の過程をドキュメンテーションと考えるならば，不幸にしてこの国にはアート・ドキュメンテーションを広く共通の課題として意を用いることがなかったと言わざるをえません。

様々な機関が育て上げたコレクション―博物館・美術館であれば主として“もの”であり，図書館であれば“文献”である―について，コレクション固有の属性と不可分でありながら，同時に共通項となりえたそれぞれの“情報”を私たちの財産として共有化できなかった，とも言えるかもしれません。

翻って欧米でのアート・ライブラリ，アート・ドキュメンテーションの活動の様子を考えるならば，そこにARLIS（ARt LIbraries Society）の存在を見いだすことができます。美術研究が作品それ自体のみならず，写真図版や文献等々の多種多様な資料を駆使するように，アート・ライブラリが種々の資料をまず収集・蓄積し，そして組織化・体系化する機能を果たしてきました。そこにおいては，長い時間と手作業ともいえる実践の中から，美術研究資料を扱うのに必要な特有のドキュメンテーションの方法を育んできたように思われます。このような伝統において，ARLISは美術図書館員はもとより，美術研究者，学芸員，美術書編集・出版者，あるいは情報処理の専門家などの，広範で様々な立場の人々が参加し，交流する場へと発展しています。

近年，安価かつ高機能を実現したコンピュータが美術領域へも様々に導入され，既にデータベースの構築などに少なからぬ成果を生み出そうとしており，時代はまさに変わろうとしている観があります。このような変化の背景には，美術に関係する者が，その美術という領域においても，やはり，固有の特性を持った“情報”が存在していたことを再発見したという事態があるように思われます。また，新設の美術館などにおいては「美術情報センター」というような名称のもとに，美術に関する情報を担う機能をもつところが増えています。

これらの動向は，いわゆる「情報化社会」の一環として生じたわけでありますが，同時にまた，基盤的作業としてのアート・ドキュメンテーションが必要とされ，議論の対象になりつつあるということではないでしょうか。

つまり，ARLISなどで盛んに討論されてきたこと，例えば，美術作品そのもののカタロギングや画像データベースのこと，美術研究論文の文献データベースのこと，あるいは，美術書，とりわけ展覧会カタログの書誌的記述やそのAvailabilityのことなどについて，今や，この国においても同様に，重要な課題になりつつある，ということであります。

本研究会は，取り組むべき課題を明瞭に捉えた，と言えないままに舟出しますが，関心をお持ちくださいます広く多くの方々からのご提言とご参加によって，ささやかにでも一つ一つの活動を始めていきたいと考えております。

第8章　第2部のための補論　第2篇

第1回アート・ドキュメンテーション研究フォーラム「ミュージアム・ライブラリ・アーカイヴをつなぐもの―アート・ドキュメンテーションからの模索と展望」シンポジウムの開催にあたって

「美術情報と図書館」と題した第1回アート・ドキュメンテーション研究フォーラムの2日目，午後2時より，高階秀爾・上田修一・安澤秀一の三氏をパネリストに迎えて，質疑応答を含む約2時間半，標記テーマによりシンポジウムを開催いたします。

美術史学，図書館・情報学，文書館学，それぞれの領域で活躍され，多くの優れた業績をお持ちの三氏を招いて開かれるこのシンポジウムのテーマが，なにゆえ，「ミュージアム・ライブラリ・アーカイヴをつなぐもの―アート・ドキュメンテーションからの模索と展望」であるのか，ここで問題意識の提示を試みてみたいと思います。

昨年11月より，アート・ドキュメンテーション研究会では，5年間の活動をふり返るとともに，さらなる展開を求めて，何か記念の行事を開けないものかと，実行委員会を組織し，その行事の一つに設けられるシンポジウムのテーマとパネリストの検討を続けてまいりました。

その議論の過程で，あるいは研究会発足以来の日々において，常に思い続けてきたのは，アート・ドキュメンテーションあるいは美術図書館という活動が，学際的（interdisciplinary）であり，かつ業際的（interprofessional）な特色をもつということです。あるいは，境界的（marginal）なところにおいて，その活動が存在し，今後とも展開されるのではないか，と感じてきました。

美術館のなかの資料（史料）や情報，あるいはそのドキュメンテーションという活動を例にとれば，その対象として，所蔵する美術作品を核に，図書・雑誌・カタログという文献（印刷・活字）資料と，そして作家の書簡や日記，スケッチ帖，あるいは作品の売買や契約の記録というような，作品と文献資料との中間に位置し，かつそれらと異なる特性をもつ文書（手稿・記録）資料があります。また，それぞれの資料群において，画像資料（情報）が存在していることも見逃せません。

これまで，ともすれば美術館の仕事，すなわち学芸員の仕事である，と一言でくくられ，美術館の調査研究や展覧事業を根底で支えるところの文献や文書資料については等閑視され，その資料群にふさわしい専門的人材やメソッドによって扱われることがかなわないという状況が続いてきました。

ところが，1980年代の後半より新たな美術館活動の一翼として，美術資料・情報センターとしてのアート・ライブラリが設置され，あるいは情報化という避け難い世の動きの波及の結果として，美術館におけるドキュメンテーション活動が見直され，既にいくつかの成果があらわれてきています。

もちろん，美術館教育の実践からミュージアム・エデュケータが，修復保存の側面からコンサヴェイタが，というように美術館における様々な専門家の必要の声は，日に日に高まりつつあります。同じように，ライブラリアンやアーキヴィスト，あるいは広くドキュメンテーションを担う人々が，多くの館で求められる時代を迎えているといえます。

つまり，美術館という世界の内側においては，いわゆるミュージアムという作品のための空間と機能があるのは当熱として，その中にライブラリやアーカイヴもまた同時にその機能が存在し，それぞれが美術館業務という場においてつながりながら，より充実した「美の世界」を築いていくことの可能性が見えてきた，と言ってよいでしょう。

このような，いわば美術館という内なる世界での三者の並存と連携の実現は，同時に，ミュージアムの枠を越えて，外にある図書館や文書館との関係を深めて行くことになります。ミュージアムの中にあるアート・ライブラリや特色あるコレクションを抱えるアート・アーカイブが誕生するためには，どうしても既に在り，確固とした組織的基盤を持つ他の図書館や文書館からの支援と蓄積されたノウハウの教えを必要としています。また，一専門図書館としてアート・ライブラリやアーカイヴが整備・充実する時，それは図書館や文書館の世界を広げ，ささやかであれそこに何らかの寄与ができるのではないでしょうか。

人類の知的遺産を継承する場（機能）としてある，ミュージアム・ライブラリ・アーカイヴは，抱える資料群の特性に違いがあって各々独自に存立しているにしても，例えばある人物の実像を教え伝えるものや情報は，制度や組織的枠組みを越えて遍在するはずですし，知ることの欲求はその枠組みを越えることを希求します。

近代化という歴史のなかで生まれたさまざまな制度や組織，ミュージアム・ライブラリ・アーカイヴは，まさにその歴史の産物でありましょう。

ノーブル・キャビネットと呼ばれていた時代の大英博物館，湯島聖堂での博覧会を機に誕生した明治初年の博物館の時代にあっては，今日のミュージアム・ライブラリ・アーカイヴが抱える全ての要素が一堂に集められていたはずです。

制度としてのミュージアム・ライブラリ・アーカイヴが発展する過程において，ものや資料はそれぞれの要素の特性に応じて分節化されながら，いずれかの機構のなかに納まってきたというのが，この一世紀余の歴史の示すところです。ミュージアム・ライブラリ・アーカイヴのいずれにおいても，貴重な人類の知的遺産を継承する，そのための永続的な努力がおこなわれてきました。

その歴史のなかで発展してきたミュージアム・ライブラリ・アーカイヴという制度や組織が，今日，互いにある「壁」としてあらざるを得なくなり，多様な資料や情報へのアクセスを，一面で，困難にしているのではないでしょうか。

近代の行きつく果てとして，今あるミュージアム・ライブラリ・アーカイヴは，分化と個々の成熟とは裏腹に，「綜合の喪失」ともいえる危機をかかえているように思われてなりません。

いささか大言するようですが，この『壁』の上を歩むのが，アート・ドキュメンテーションという課題の実践ではないか，あるいは，壁に穴をあけていく，もしくは壁を越え通過し得る回路を用意するのが，アート・ドキュメンテーションという活動なのではないでしょうか。

あるいは，今日喧伝されるマルチメディアの実験場として，アート・ドキュメンテーションという舞台があり得るのではないでしょうか。

先にメソッドという言葉を使いましたが，それは，ミュージアムやライブラリ，アーカイヴにおいて歴史的に蓄積された方法論，もしくはそこに働く人々の身に備わり自然と発揮される資料に対する見方や作法という意味で，curatorship や librarianship という語にあらわれるシップ（-ship）のありようと言うべきものかもしれません。

「ミュージアム・ライブラリ・アーカイヴをつなぐもの」，あるいは「つながる場」とは，その三者三様のシップの連携，もしくはぶつかりあいのための契機を築くことではないでしょうか。

異なること，差異こそは尊ばれるべきです。その差異故に離反するのではなく，差異がつどい，ぶつかることによって初めて何かが見えてくるところ，すなわち不可視を可視に変えられる場という可能性の一つとして，アート・ドキュメンテーションがあるように信じています。

ここまでの記述においてあらわれることはありませんでしたが，アート・ドキュメンテーションは，さらに多様な職能を持つ人々，美術研究者はもとより美術家，評論家，編集者，情報科学・計算機工学の研究者やシステムエンジニア，プログラマといった人々を吸引し集まる場になるはずです。現にこれらの人々によりアート・ドキュメンテーション研究会は構成されています。そして，これら異なる学関的出自を持ち，様々な業種にいる人々は当然違った世界観，シップを持っています。

今回はミュージアム・ライブラリ・アーカイヴという三つの機能からテーマを設定しましたが，そのつながりを模索することは，すなわちさらに多様な学際と業際においてあらざるを得ないアート・ドキュメンテーションを見つめなおすことであると考えています。

あまりに，広がりすぎた，そして困難でかつ時期尚早な問題設定を試みているのかもしれません。けれども，このシンポジウムで何らかの回答を導き出すというつもりはなく，このテーマの設定から，何かが「動く」こと，そのためのきっかけが生まれれば，と願っています。

なるべく，多くの時間を壇上とフロアとの意見交換に充てたいと考えています。ご出席者の皆様からのさかんなご意見・ご批判・ご叱責をいただきたく，お願いいたします。

最後に，このシンポジウム・テーマの妥当性について，ある確信を与えてくれた二つの文献を紹介しておきます。

Angela Giral. At the Confluence of Three Traditions: Architectural Drawings at the Avery Library. *Library Trends*, Fall 1988, 37(2), p. 232–42.
Special Issue of 'Linking Art Objects and Art Information'. Deirdre C. Stam and Angela Giral, Issue Editors.
※「合流する三つの伝統（Confluence of Three Traditions）」すなわち，'the archival, the curatorial, and the library traditions'.［p. 233］.

Toni Petersen and Pat Molholt eds. *Beyond the Book: Extending MARC for Subject Access*. G.K. Hall, 1990. ix, 275p.

文責：シンポジウム・コーディネータ　水谷長志
（『発表要旨／展示目録』より再録）

第8章　第2部のための補論　第3篇

MLA連携に係る3書（2010-2011）のための書評

日本図書館情報学会研究委員会編『図書館・博物館・文書館の連携』（シリーズ・図書館情報学のフロンティアNo. 10）勉誠出版，2010. 10，x，186p. 以下，『フロンティア10』と略記

石川徹也，根本彰，吉見俊哉編『つながる図書館・博物館・文書館　デジタル化時代の知の基盤づくりへ』東京大学出版会，2011. 5，xiv，272，8p. 以下，『東大2011』と略記

知的資源イニシアティブ編『デジタル文化資源の活用　地域の記憶とアーカイブ』勉誠出版，2011. 7，vi，233p. 以下，『IRI2011』と略記

本書評で取り上げる3書は，書名の差異はあっても，いずれもいわゆるMLA（Museum, Library, Archives）の連携について，日本図書館情報学会，東京大学，NPO知的資源イニシアティブ（IRI）の活動を背景として，2010-11（平成22-23）年に相次いで刊行されたものである。

書名にMLA連携を題する『MLA連携の現状・課題・将来』（以下『JADS 2010』）は，この3書に先立って，2010年6月に刊行されているが，これはアート・ドキュメンテーション学会創立20周年記念フォーラムの報告書と言えるものであり，同書については，本誌57巻1号（2011. 3）に古賀崇（京都大学）により懇切な書評が書かれている。

まず，3書の成り立ちと構成を紹介する。

『フロンティア10』は日本図書館情報学会の「シリーズ・図書館情報学のフロンティア」の第10号であり，編集委員代表を古賀崇がつとめている。田窪直規（近畿大学）による極めて広範かつ手際良く整理された「〔巻頭総論〕博物

館・図書館・文書間の連携，いわゆるMLA連携について」から始まって，第Ⅰ部「求められる視点と政策」においては「制度・政策・経営の連携」を，第Ⅱ部「技術とその実践」においては「技術・規格の取り組みと課題」を，第Ⅲ部「関連領域」においては「デジタル文化財と博物館」を取り扱って，総計8本の論文で構成され，ほかに3本のコラムを含む。惜しむらくは第Ⅲ部においてAからの論考を欠いていることである。

なお，本書刊行の直後に開かれた第58回日本図書館情報学会研究大会のシンポジウムは，本書を踏まえて「図書館・博物館・文書館の連携をめぐる現状と課題」であり，パネリストは巻頭総論の田窪，『JADS2010』『IRI2011』で鼎談者の一人となっている高山正也国立公文書館長と持田誠（北海道大学総合博物館）によるものであり，司会は『フロンティア2010』の編集委員である古賀がつとめ，その記録は本誌56巻4号（2010. 12）およびブログ[1]に掲載されている。

『東大2011』は2007（平成19）年2月に東京大学創立130周年記念事業の一環として開かれたシンポジウム「知の構造化と図書館・博物館・美術館・文書館 ― 連携に果たす大学の役割」に基づいており，その後4年余の時間をかけて編まれた刊行物である。根本彰「序章　図書館，博物館，文書館 ― その共通基盤と差異」から始まり，第Ⅰ部「MLAとは何か」においては図書館情報学（同大学大学院教育学研究科），博物館学（同大学総合研究博物館），学際情報学（同大学情報学環）の立場からMLA連携に向けて，個々の「館」が抱える課題が考察され，第Ⅱ部「MLA連携を考える」においては歴史学，情報学，図書館学，文化資源学からデジタルアーカイブを含んで具体的実践例とその課題が指摘されている。第Ⅲ部「提言と課題 ― MLAの共通基盤整備」は編者3氏によるものであり，「1　日本における現状と課題」，「2　資料情報の統合的な管理」，「3　人材養成の現状 ― 東京大学を事例として」，「4　提言 ― 「知の構造化」のための人材育成体系」の構成のもと，「MLA連携に必要とされる人材を育成するための「あるべき姿」について提言（p. [252]）」されている。

根本が序章（p. 21）で指摘するように，「〔日本でMLA連携の〕検討が始まったことは特筆に値するが，まだまだ互いに手探り状態である」現状にあって，本書の掉尾にMLA連携を支える人材の育成という，ある意味もっとも重要でありながら，今時錯綜の感の深い課題に向けて直截の提言がなされたことの意義は大きい。

『IRI2011』の刊行は3書の最後になるが，2009（平成21）年10月以来，三度の「日本のMLA連携の方向性を探るラウンドテーブル」を踏まえたものであること，かつ東日本大震災の直後の4月20日に行われた鼎談「記憶のちから―何を残していくべきか」が第Ⅰ部に据えられたことが，本書の性格を大きく定めているように見られる。ちなみに鼎談は，青柳正規国立西洋美術館長，長尾真国立国会図書館長，高山正也によるもので，司会を『東大2011』の編者でもある吉見俊哉がつとめた。

巻頭第1部の鼎談に続いて，第2部「「連携」から「活用」へ」は，MLAの現状と連携へ向けての課題を眺望よく見渡すための好著とも言える松永しのぶ（国立国会図書館）の「文化機関が連携するために―何が問題か」から始まり，MLA連携のグッドプラクティスが3例紹介されている。第2部の最後には，岡本真（ARG）が編集委員を代表して書いた「まえがき（p. ii）」で言うところの本書の重要な考え方の一つである「公共」について，南学（神奈川大学）が「「新しい公共」の概念とその構築―「公立」から「公共」へ」と題して論考している。第3部はもう一つの重要かつ新たな概念としての「デジタル文化資源」について，デジタルアーカイブの構築を主軸にその意義，人材養成，財源と知的財産の問題が取り上げられている。特に後段の2点は，岡本が指摘するように「MLA連携を話題にするシンポジウム等がおおむねたどり着く暫定的な結論であるが，往々にしてそこより先に議論が進んで来なかった」論点であり，「MLA連携」を越えた「デジタル文化資源」への政策課題の設定にその内容が至ったことは，IRIの活動とあわせて本書の大きな成果であると言えるだろう。

最後に紹介した『IRI2011』の第1部鼎談を司会した吉見は，MLAをさらに拡大した連携MALUI（Museum, Archives, Library, University, Industry）を提言しているが（p. 33）[2]，このような拡散の傾向が今日進んでいるとともに，流布し多くの人の口の端にのぼることの多くなったMLA連携について，上記の3書はいずれも少しずつ立ち位置を異相させつつ，多くの事例と提言を含んでおり，MLAの個々を越えて，その相互連携に関わって2007年以降の優れた成果を記録していると思う。

このテーマにこれから入ろうとする方には，『フロンティア10』の田窪による巻等総論，『東大2011』の根本による序章，『IRI2011』による松永の上記論考が，問題の所在と現況の把握にあたって有効であり，特にお勧めしたい。

『JADS2010』から本書評で取り上げた3書のほかにも，MLA連携をめぐっては多くの場で，例えば2010年の日本図書情報学会のシンポジウムで登壇者の田窪が「2010年に限ってのシンポジウムを考えても，ぎょっとするくらいある」[3]と発言したように，把握が難しいくらい多様な展開で語られている（下線は筆者による）。

その中でも，明治大学図書館情報学研究会は2010年10月23日，「MLA連携の意義と課題」と題するシンポジウムを開き，後日，同研究会紀要は当日の登壇者による関連の論考（古賀崇「MLA連携」の枠組みを探る：海外の文献を手がかりとして」[4]，松下均「IAMLのR-Projectsに学ぶMLA連携」[5]）を掲載しており，いずれも上記4書を補追する内容を持つものとして，あわせて紹介しておきたい。

さて，問題はこれからのMLA連携の進展である。『IRI2011』が特に指摘しているように，MLA連携，デジタル文化資源，あるいはMALUIなどの言説とシンポジウムを越えて具体的な政策課題として今後遂行される素地が育まれているのだろうか。

例えば2年前から始まった国立国会図書館による「デジタル情報資源ラウンドテーブル」[6]，総務省により本年度集中的な討議がいままさに進行している「知のデジタルアーカイブに関する研究会」[7]，『IRI2011』に関与するとともにシンポジウム「文化情報の整備と活用　～デジタル文化財が果たす役割と未来像」(2011年7月22日）を組織した「一般財団法人デジタル文化財創出機構」[8]の動きなど，2012（平成24）年へ向けてもいくつかのプランが進行している。その中で書評者が下記のWGにおいていささかの関与のあったMLA連携の政策指針の提言の事例として，「文化芸術に関する基本的な方針（第3次基本方針）」[9]（以下，「基本方針」）が，2011年2月8日，閣議決定している。

この「基本方針」は，文化芸術振興基本法に基づき，文化芸術の振興に関する施策の総合的な推進を図るため，文化審議会の答申を受けて文部科学大臣が基本方針の案を作成したものであり，第３次は概ね５年間（平成23-27年度）を見通して策定されている。今回は特に同審議会文化政策部会（部会長：宮田亮平東京藝術大学長）のもとに置かれた５つのWG(舞台芸術，メディア芸術・映画，美術，くらしの文化，文化財）によって，2010年４-５月にわたって集中的な討議が重ねられて，「基本方針」の骨子にそれらは反映されている。特に複数WGで指摘されたアーカイブ構築の必要性の指摘とMLA連携は，下記のように「基本方針」に明示的に盛り込まれていることを紹介して，本書評を終えたい。

「文化芸術に関する基本的な方針（第３次基本方針）」の「第３　文化芸術振興に関する基本的施策　9．文化芸術拠点の充実等（２）美術館，博物館，図書館等の充実」[10]

［第５項目］優れた文化財，美術作品等を積極的に保存・公開するため，所蔵品の目録（資料台帳）の整備を促すとともに，書誌情報やデジタル画像等のアーカイブ化を促進する。

［第10項目］各地域に所在する貴重な文化芸術資源の計画的・戦略的な保存・活用を図るため，博物館・図書館・公文書館（MLA）等の連携の促進に努める。

註

1：「かたつむりは電子図書館の夢をみるか」http://d.hatena.ne.jp/min2-fly/20101011（参照2011-10-24）

2：「MALUI連携とデジタル知識基盤」http://www.yoshimi-lab.jp/project/malui-linkage-and-digital-knowledge-base.html（参照2011-10-24）

3：前掲１URL

4：https://m-repo.lib.meiji.ac.jp/dspace/bitstream/10291/11113/1/tosho_jouhou_02_2.pdf（参照2011-10-24）

5：https://m-repo.lib.meiji.ac.jp/dspace/bitstream/10291/11114/1/tosho_jouhou_02_10.pdf（参照2011-10-24）

6：http://www.ndl.go.jp/jp/aboutus/roundtable.html#1（参照2011-10-24）

7：http://www.soumu.go.jp/menu_news/s-news/01ryutsu02_01000013.html（参照2011-10-24）

8：http://www.digital-heritage.or.jp/index.html（参照2011-10-24）
9：http://www.bunka.go.jp/bunka_gyousei/housin/kihon_housin_3ji.html（参照2011-10-24）
10：http://www.bunka.go.jp/bunka_gyousei/housin/kakugikettei_110208/03-9-2.html（参照2011-10-24）

第2部に関連するその他の著者著作情報

1996 「美術資料をめぐる〈外なる／内なる〉ネットワークを考える」
『現代の図書館』（日本図書館協会）34(3) p. 151–154.

2008 「独立行政法人国立美術館における情報〈連携〉の試み ― 美術館情報資源の利活用試案ならびに他関連機構との連携について」
『東京国立近代美術館研究紀要』12, p. 5–26；93. 室屋泰三，丸川雄三との共著

2010 「記念鼎談 ― これからの MLA 連携に向けて／MLA〈連携〉のために ― 15年の歳月を踏まえて：イントロダクションに代えて／あとがき」
『MLA 連携の現状・課題・将来』(勉誠出版) p. 1–29；33–37；295–296.

2014 「MLA の差異と同質を踏まえて伝える文化“継承” ― あるクラスの風景から」
『DHjp』（勉誠出版）1, p. 56–60.

2015 「東京国立近代美術館の能 ― 絵画と工芸と映画フィルムと」
『国立能楽堂』383, p. 2–3.

2020 「MLA 連携は美術館の展示空間を少し変えたような...竹橋の近代美術館での私のキャリアから」【事始めシリーズ (8)】
『情報知識学会誌』30(1), p. 62–67.

2023 「5.1 なぜ MLA 連携は AM（L＋A）から始まるのか？ ―「作品の「生命誌」を編むをめぐって」
『ミュージアム・ライブラリとミュージアム・アーカイブズ』（樹村房）博物館情報学シリーズ・8, p. 236–240.

第 3 部

アート・アーカイブ

第3部解題

第9章　2023「アート・アーカイブを再考（レビュー）するということ ―「作品の「生命誌」を編む」に与って」
初出：『跡見学園女子大学文学部紀要』58，p. 43-69.
https://atomi.repo.nii.ac.jp/?action=repository_uri&item_id=4247&file_id=21&file_no=1

第10章　第3部のための補論　2篇

第1篇　2000「特集［アート・アーカイヴ］にあたって」
初出：『現代の眼』（東京国立近代美術館）523，p. 2.

第2篇　2007「エフェメラへ向かう ― 美術館の中のライブラリでライブラリアンが愛すべき難敵」
初出：『情報メディア学会ニューズレター』15，p. 1-3.

終章　2020「MLAを越えて ― 新たな調査研究法（リサーチ・メソッド）としてのMLAからSLAへ」
初出：『跡見学園女子大学人文学フォーラム』18，p. A76-A91.
旧題「MLA連携〔論〕は学部学生の新たな調査研究メソッドになるだろうか？ ― ミュージアムの中のライブラリ＆アーカイブで構想した〈MLA連携〉から大学の教育現場で提案する新たなリサーチ・メソッドとしての〈SLA連携〉へ」
https://atomi.repo.nii.ac.jp/?action=repository_uri&item_id=3587&file_id=21&file_no=1

第3部は，「アート・アーカイブ」を第1－2部のテーマであるアートライブラリとMLA連携の中に落とし込み，融解して，それ自体の多面性と「つなげ／つながる」属性を再考（レビュー）することを目指して，結果，本書の他章に比して2倍ほどの長文となった第9章と東京国立近代美術館から大学に異動して，講義を重ねる中で自問した「MLA連携〔論〕は学部学生の新たな調査研究メソッドになるだろうか？」の途上的報告から成りたっている。

この終章での核には，本務校の学祖たる跡見花蹊アーカイブの構築から学内MLAの連携システムの構築の志向が内在しており，実際の試行的なプロトタイプ，それ自体についての報告となる文学部紀要掲載の拙稿二篇については，p. 215の「第３部に関連するその他の著者著作情報」において記録している（第９章／終章と同様に本務校リポジトリにて公開）。

アート・アーカイブへ目を開かせくれたのが1988（昭和63）年，A. レムケ先生のIFLAシドニー大会での講演であったことは，すでに第２部の解題で述べた。ここに機縁するアート・アーカイブに係る文献は，後日，1995（平成７）年に刊行されるJADSの研究誌『アート・ドキュメンテーション研究』第４号の「アート・アーカイヴズ〈全訳〉」として掲載され（同訳全文は『情報管理』39(2)，1996. 5に再掲），おそらくアーカイブを標題に持って公刊されたもっとも初期の邦語文献となった。

以下，翻訳公刊に至る経緯を「訳者あとがき」から抜いて紹介するのは，本書の成り立ちのもっとも基底的な筆者の体験と直截に関係するからである。

「アート・アーカイヴズ〈全訳〉」 訳者あとがき

Antje B. LemkeとDeirdre C. Stamの両氏によるこの「アート・アーカイヴズ」を日本語に翻訳し，本誌に掲載するに至った経緯と，著者はもとより翻訳掲載を快諾し，許可して下さったロンドンおよび東京のマクミラン社の関係者への謝意を明記しておくことが，翻訳者にまず第一にある責務であると思われます。

この翻訳を思い立った直接の契機は，1990年，訳者の一人である水谷が，USIA−International Visitor Programにより，およそ一カ月，アメリカの美術図書館を視察する途上にあって，シラキュース大学を訪問し，著者のお二人とお会いしたおり，同大学の情報学部における講義用テキストとして書かれていたArt Archivesのコピーをいただいたことにあります。さらに言えば，その時，Art Archivesというテキストの存在が話題となったのは，訪米に２年先立つ1988年，シドニーでのIFLA大会において，美術図書館分科会のプレコンファレンスが開かれ，著者の一人であるLemke

氏が，Keynote Speaker として，‘Art Archives: A Common Concern of Archivists, Librarians and Museum Professionals’ と題するお話をされ，その講演に深い感銘を覚えていたからであります（この講演テキストは，後日，*Art Libraries Journal*, vol. 14, no. 2, 1989. に再録されています）。その時，Art Library ましてや Art Museum Library という一個の独立した専門図書館の存在すら概念としてまだ固まっていなかった日本の当時の状況に対して，Art Archives というコンセプトの存在自体が，新鮮であり，かつ新たな可能性を開示しているような驚きを感じておりました。その延長線に，昨年秋に開いた第1回アート・ドキュメンテーション研究フォーラムにおけるシンポジウムのテーマ「ミュージアム・ライブラリ・アーカイヴをつなぐもの ― アート・ドキュメンテーションからの模索と展望」があったように思われます。

以上に加えて，第3部の補論として2篇，東京国立近代美術館ニュース誌『現代の眼』が特集した「アート・アーカイヴ」の冒頭趣旨の一文と『情報メディア学会ニューズレター』に寄稿させていただいた「エフェメラへ向かう ― 美術館の中のライブラリでライブラリアンが愛すべき難敵」を収めた。

第2部の解題で紹介したように1996（平成8）年の『東京国立近代美術館所蔵品目録　岸田劉生　作品と資料（英書名：*Ryusei Kishida Works and Archives*）の刊行と展示は，美術館界に作品（ミュージアム・コレクション）でもなくライブラリの資料とも言い難い第三の資料の存在に目を向ける好機になったことは，4年後，東京国立文化財研究所，松戸市教育委員会，萬鉄五郎記念美術館，国吉康雄美術館，神奈川近代文学館の各所から「アート・アーカイヴ」をテーマに論考を寄せていただけたことからも推察いただけることだろう。

今日さらに「ミュージアム・アーカイブズ」への関心とそこにある課題の大きさは，例えば『ミュージアム・ライブラリとミュージアム・アーカイブズ』（博物館情報学シリーズ・8，樹村房，2023）に所収された松山ひとみ氏（大阪中之島美術館アーキビスト，執筆時）による「ミュージアム・アーカイブズ」がそれを良く示しており，現況における大きな成果の一つである。

もう一つの補論は，アーカイブズの一角にあって，とりわけ近現代美術において欠くことのできない資料群であるエフェメラに言及している。

エフェメラを「美術館の中のライブラリでライブラリアンが愛すべき難敵」と称したのは，アーカイブと言えば，往々にして自筆資料（manuscript）に傾斜するのだが，近現代史における有効で有力かつ言葉の本来にある「かそけさ」を抱えて消えゆく片々たるその場しのぎになりがちな印刷資料であるエフェメラこそは，事実立証にあたってもっとも頼るべき資料群であり，第9章の副題「作品の「生命誌」を編む」に与」るものであることにほかならないからなのである。

第9章

アート・アーカイブを再考（レビュー）するということ
「作品の「生命誌」を編む」に与って

本章の構成

はじめに ― アート・アーカイブを再考（レビュー）するということ

同題目で展覧会も開かれた中野京子氏の『怖い絵[i]』は様々に変奏しながら巻を重ねて新たな美術ファンを開拓したが，その著作の始まりのきっかけが，図1のダヴィッドの素描《マリー・アントワネット最後の肖像》であったことは，その「まえがき」の冒頭に書かれているので，巷間，広く知られていることである。

中野氏はシュテファン・ツヴァイクの『マリー・アントワネット[ii]』を翻訳し，また『美術品でたどる　マリー・アントワネットの生涯』（NHK出版新書，2016）ほかも著しているように，1枚の片々たる，ほかのダヴィッドの名前から常に思い浮かべられる大作（本画[iii]）のイメージと比すればだが，この素描に深い思いのあったことがうかがえる。

中野氏の訳によるツヴァイクの筆をもってして描かれた，ダヴィッドのこの1枚の素描の誕生の一瞬の模様[iv]とこの素描自体をあらためて見直すとき，ルーブル美術館最大の大きさであるダヴィッドの《皇帝ナポレオン1世と皇妃ジョゼフィーヌの戴冠》，あるいは展覧会のアイコンとなった緊密で緊迫感の漲る，皇妃戴冠の図と同様に練りに練られた構図を持つ《レディ・ジェーン・グレイの処刑》と，この一瞬の内に描かれた《アントワネット》の素描が，そこに費やされた画家の思索と労働の時間とでは壮大ともいえる懸隔がありながら，観者の感性と想像力に触れる時，同等あるいはそれ以上に大きな感興をも

図1　ダヴィッド《マリー・アントワネット最後の肖像》1793　フランス国立図書館　鉛筆
https://gALLicA.bnf.fr/Ark:/12148/btv1b84119831.r=DAvid%20Antoinette?rk=42918;4

たらすところに，素描というものの大きな魅力と可能性を開示するのである。

素描のもつこの魅力の源を本江邦夫氏はかつて，パウル・クレーのGraphic＝「線描画」にかかわって，次のように書いたことがある。

> 「書くこと」の〈1対1対応〉……それはたとえば鉛筆で紙に何かを勝手気ままに描いているときにも，描かれるべき対象の有無にかかわらず，画家の手の仲介により，紙の上の線と頭脳とはひとつづきになっている，あえていえばそこでは〈線描〉が頭脳の変化に〈1対1対応〉したグラフになっているということです[v]。

この線と頭脳との間にある〈1対1〉の直截性こそは，ダヴィッドのこの素描にある「怖さ」の淵源であるように思われてならない。

本稿には素描の美学的側面を語る余地は無く，その資格も力も無い筆者が，ダヴィッドのこの素描から始めた意図は，この1枚がダヴィッドの一瞬の素描という「片々たる（エフェメラ）」ものであっても，本画に拮抗するものであり，多数のダヴィッドの素描（本画の下絵も含んで）またはアントワネット資料の一括の「集積」としてのアーカイブの一アイテムである可能性を素地としながら，アート・アーカイブを「再考」することを試みたいが故である。

言葉を代えて言うならば，アート・アーカイブの中にある1枚の素描もまた，本画と拮抗する1枚の作品として自立すること，もまたアート・アーカイブはその「塊り」であること自体の内に大いなる可能性を孕んでいることを含んで，本稿の「再考」の過程において，その多義性，多様性を思い浮かべながら，以下に検証してみたいのである。

そのプロセスにおいては，先行既述の拙論の一部を再掲し，また関連諸著作からの引用などをもって，アート・アーカイブを「再考」しつつ，本稿が行き着く先を「作品の「生命誌」を編む」ことに寄与するアート・アーカイブの有効性に辿り着くことを目的としている[vi]。

この「再考」，（すでに重ねてその語彙に「レビュー」のルビを振っているが，）においては，論の進みとそこに係る本稿以前の言説との往還を容易にするため，関連の文献等のレファレンスを稿末または脚注に置くのではなく，ポイントを下げることによって，本文との差異を明確化しつつ，以下，各章の末の位置に挿入するスタイルをもって進めたい[vii]。

補記

Ⅰ：以下のように，各章の末尾に付す関連の文献等のレファレンスに現れるURLは，2021年12月20日現在において確認したものである。

Ⅱ：挿図の図版に付したキャプション，作品等の簡略データに改行して，同図版を比較的容易に参照できる書籍・図録等並びにサイトのURLを付した。ただし，本稿に挿図する図版自体とそれらとに異同するものもある。

註

ⅰ：中野京子『怖い絵』角川文庫，2007

ⅱ：高橋禎二ほか訳の岩波文庫，1952，みすず書房『ツヴァイク　伝記文学コレクション』に加えて，中野訳の角川文庫が上下巻で刊行，2007。

ⅲ：本画（タブロー，tableau）：木板にテンペラあるいは油彩で描いた西洋の板絵のこと……カンヴァスに描いたものも含まれる。今日一般にタブローというと，価値的意味を含めて，中途半端な作品ではなく，完全に仕上げられた独立した作品を意味することが多い。『新潮世界美術辞典』1985。

現代美術においては，「「タブロー」の意味を常に参照しつつもそこから逸脱し自由となることを目論むものであったが，今日ではそれが有している形式上の特性を「タブロー」そのものに引用するというパロディ的な状況も認められるまでになってしまった」（保坂健二郎），「「仕上げられたタブロー」と「表現としてのエスキース」の差異が曖昧になった一方，諸芸術が自己言及による自律化を求めた近代においては，タブローそれ自体が造形上の問題とされるようになった」（中島水緒）など，の指摘もまた生まれている。

https://ArtscApe.jp/dictionAry/Modern/1198481_1637.htML

https://ArtscApe.jp/Artword/index.php/タブロー

iv：ツヴァイクはこの一瞬においてダヴィッドを「権力におもねる永遠の変節漢の典型であり，成功者にすり寄り，敗北者には情け容赦ない彼は，勝者の戴冠式を絵にし，敗者の断頭台行きを絵にする」と書いた。中野訳，角川文庫・下巻，p. 342。ここにツヴァイクが，本画と素描とを対比してあることに注目されたい。さらに言えば，続いての「しかし下司根性の主で，卑怯な情けない心の主とはいえ，この男はすばらしい目と狂いない手を持っている（傍点筆者）」とは，次の註ｖに記す，ハンド・アイ・コーディネーションをツヴァイクがすでに感知していることを示すのである。

ｖ：本江「「目に見えるようにする」―20世紀の〈線描〉」『所蔵作品による20世紀の"線描" ―「生成」と「差異」』東京国立近代美術館，1998，p. 10。言うまでもなく，本標題は，パウル・クレーのエッセーに由来するものである。これは，MLBで2021年のMVPを獲得した大谷翔平選手の傑出したハンド・アイ・コーディネーションの能力とも一脈通じるものであろう。
http://MotoproLesson.cLub/hAndeye/

vi：東京国立近代美術館ニュース誌である『現代の眼』は2000年8月，「アート・アーカイヴ」を特集に組んでいる。ここにおいて筆者は，「アート・アーカイヴを作品と公刊，活字化された図書・文献との〈あわい〉にあるものと定義」すると書いた。この特集は下記の諸編による：
水谷「特集にあたって」／田中淳（東京国立文化財研究所）「アート・アーカイヴ／近代美術アーカイヴとダンボール箱」／森仁史（松戸市教育委員会）「アート・アーカイヴ／フィールドワークからアーカイヴへ」／平澤広（萬鉄五郎記念美術館）「アート・アーカイヴ／アーカイヴとしての『萬鉄五郎書簡集』出版に至るまで」／小澤律子（国吉康雄美術館）「アート・アーカイヴ／国吉康雄アーカイヴスの形成とAAAのこと」／藤木尚子（財団法人神奈川文学振興会）「アート・アーカイヴ／神奈川近代文学館の特別資料について」
（　）内の所属はいずれも当時。なお同号には，中林和雄による「［作品研究］不在と浮遊―イリヤ・カバコフと美術館」が同じく収載されており，ここにはカバコフのインスタレーション《ザ・ビッグ・アルカイヴ》1993の図版が挿図されているが，謂ゆる「アーカイヴァル・アート」の言及としては，極めて早い。関連文献としては，香川檀『想起のかたち　記憶アートの歴史意識』水声社，2012，365p. がまとまっており，貴重。本稿においては，この主題には触れていない。

vii：引用・参照の文献紹介を本文に連ねて伝えるスタイル＝書誌的エッセイ，は特に，後に記すレムケ教授のアート・アーカイブ論との遭遇の機縁となったIFLA（国際図書館連盟）東京大会美術図書館分科会でのボストン美術館美術図書室のアレン氏のプレゼンテーション原稿を範とするものである。Nancy S. Allen, History of Western sources on Japanese Art: A bibliographic essay, *Art Libraries Journal*, 1986, 11(4), p. 8-13.

1．MLA連携〔論〕を素地としてアート・アーカイブを定置する試み

1.1　いわゆるアーカイブを定義すると

今日，アーカイブ，アーカイブズ，アーカイブスあるいはブをヴに表記する揺れを伴いながら，Archivesは多様な局面において語られている。もちろんデジタル・アーカイブの隆盛と普及がそれに拍車をかけているのだが，図書館情報学の立場から長年斯界を支え，リーダーシップの功績に富む根本彰氏の近著は，『アーカイブの思想 ― 言葉を知に変える仕組み』と題して，「個人を助け，社会を支える基盤としてあるアーカイブ像を照らす，碩学による教育論であり，文化論[i]」となっているが，「ライブラリの思想」とは題していない。このことにおいても，今日のアーカイブへの親和性と期待の大きさがうかがえる。

近時，日本において広く語られるアーカイブを『アーカイブ事典[ii]』他から，その定義をおさらいしておこう。

本稿においては引用のほかは，一貫して「アーカイブ」の表記を採る。

> 文書が対象とする資料を，英語でアーカイブズArchivesという。文書館という施設も英語でアーカイブズなのでややこしい……2つの意味がある……受け入れの経路から大きく2つのジャンルに分けることができる……ひとつは組織内記録，すなわち文書館が母体組織から継続的に移管を受ける，母体組織自身の記録史料
> ⇒これは，一般に，機関アーカイブ：institutional archivesと呼ぶ。
>
> ふたつめの柱は組織外記録，つまり外部から任意に収集する母体組織以外の記録史料
> ⇒補足追記するならば，「親機関ではなく個人，家族，組織から資料を収集[iii]」するもの。これは，一般に，収集アーカイブ：collecting archives

と呼ぶ。

1.2　集積―MLA連携〔論〕を素地としてアート・アーカイブを定置する視点

1.2.1　アーカイブにある「塊り」と「夥しさ」

ダヴィッドのアントワネットの素描，その1枚を指して，現時点でそれがフランス国立図書館（BN: BibLiothèque nationale）の収蔵資料の「独立」の1点であることからも，これをもってアーカイブと呼ぶことは無いだろう。

もしも，上に書いたように，「多数のダヴィッドの素描（本画の下絵も含んで）またはアントワネット資料の一括の「集積」としてのアーカイブ」から抜き出されたものであれば，それは，アート・アーカイブの一アイテムであるとは言い得るだろう。しかしながら，アントワネットの素描1枚のみをもってアーカイブとは言い得ない。

『アーカイブ事典』が示すように，アーカイブには2つのタイプがあって，その「収集」のあり方において，institutional / collectingという差異はあっても，「集積」の結果には，「塊り」と「夥しさ」が双方に伴っていると言ってよい。

1.2.2　「塊り」と「夥しさ」にある「収集」の困難

2つのタイプのアーカイブであっても『アーカイブ事典』においてはともに「収集」と書いているが，機関アーカイブにおける「収集」と収集アーカイブがそもそもの名称に持つ「収集」とでは，自ずからそこに，厳としてある差異を認めておく必要がある。

筆者は先に本務校の文学部人文学科刊行の『人文学フォーラム』において，「MLA連携」に関わって，「MLA連携〔論〕は学部学生の新たな調査研究メソッドになるだろうか？―ミュージアムの中のライブラリ&アーカイブで構想した〈MLA連携〉から大学の教育現場で提案する新たなリサーチ・メソッドとしての〈SLA連携〉へ[iv]」と題する論考を寄稿している（以下，〈水谷フォーラム18〉）。

MLA連携〔論〕を定義に遡って叙述することをいまは避けるが[v]，MLAにあっての３者の共通点，すなわち「同質性」を指摘するならば下記の通りとなる。

なお，言うまでもなく，「連携」することの本義にあっては，連携３者の間に「差異性」が必須の要件として横たわる，すなわち差異があるからこそ連携は生まれる。言い換えれば，差異の無いところに連携は不要であるし，敢えて生まれはしないのである。

1　集積・collection:　　集まる／集める　こと
2　同定・identification:　これはいったい何なのだ，を見切ること
3　記述・description:　メタデータを生成すること
4　検索・retrieval:　　蓄積から取り出すこと
5　公開・open:　　　　組織を越えて共有物とすること

この１－５のプロセスを１語で言うならば，ドキュメンテーション（documentation）の語こそがふさわしく，MLAのいずれにおいても，Mの，Lの，Aのドキュメンテーションがある。３者の個々にある「集積」物とその扱いの所作に違いがあったとしても，である。

さて，何故，collectionの訳語が「収集」ではなくて「集積」と語ろうとするのであろうか。

機関アーカイブが「母体組織から継続的に移管を受ける」ことにおいては，評価選別を経た上で，自ずと集まってくる，という自然の流れがあるのに対して，収集アーカイブにおいては，収集その行為において，能動的で積極的，あるいは恣意的な行為を伴うからである。筆者はその双方を包含する語彙として，「集積」を採りたいと考えた。

いまから思えばアート・アーカイブの議論に一石を投じたとも言えるArt Archives Projectの初回のシンポジウム（2010）において，当時，慶應義塾大学アート・センターのアーカイブを担当していた上崎千氏の「〈アーカイヴ的思考〉の堆積作用」と題する基調報告からは，右の「集積」の観念に大きく刺激を受けたものであった。

「扇状地」や「三角洲」，「干潟」「砂洲」あるいは「砂嘴」といった名称で呼ばれている地形は砂屑物……などの堆積作用（sedimentation）によって形成される[vi]

と述べた上で，アーカイブの堆積のある姿を北海道野付半島の砂嘴（さし）をJAXA撮影の写真によって視覚化するとともに，そこにロバート・スミッソンの《螺旋の突堤（Spiral Jetty）》（1970）を重ね合わせていたことを，いまも思い出すことができる。そして，議論の冒頭において引用されていたのがスミッソンの「思考の堆積作用」であったことも[vii]。

MLAはいずれもコレクションの形成と存在を前提とすることが最大の「同質性」であることを踏まえて指摘するならば，そこにある「塊り」と「夥しさ」の成立においては，「集まる／集める」の双方を包含できる語彙としては，やはり「集積」の語が相応しいと考えるのである。

註

i：根本彰『アーカイブの思想』みすず書房，2021，カバーよりの引用

ii：小川千代子ほか『アーカイブ辞典』大阪大学出版会，2003，p. 14.

iii：菅真城『大学アーカイブズの世界』大阪大学出版会，2013，p. 48に引用（16）されている古賀崇の「日米のアクセスを比較して」から。

iv：水谷『人文学フォーラム』2020，18，p. 76–91.
https://AtoMi.repo.nii.Ac.jp/?Action=repository_uri&iteM_id=3587&fiLe_id=21&fiLe_no=1

v：MLA連携〔論〕の定義については，跡見学園女子大学『文学部紀要』第57号に掲載の拙論「MLA連携〔論〕を素地とする建学者アーカイブの構築の意義と展望—『跡見花蹊日記』のフルテキスト・データベースの構築とユニーク語彙の出現に係る検証の試みを中心に」を参考にされたい。
https://atomi.repo.nii.ac.jp/?action=repository_uri&item_id=4022&file_id=21&file_no=1

vi：上崎千「基調報告—〈アーカイブ的思考〉の堆積作用」『ART ARCHIVES-one—継承と活用：アート・アーカイブの「ある」ところ　記録集』Art Archives Project, 2012, p. 7–11.

vii：Robert Smithson, A Sedimentation of the Mind: Earth Projects, *Artforum*, Sept., 1969, 7 (1).

2．発現 ― アート・アーカイブの集積の「夥しさ」から立ち上がるもの

2.1　図書館には図書カードがかつてあったということ

すでに図書館から図2のような図書カード，5×3インチに規格化されたカードは，1876年，アメリカ独立百周年を祝うフィラデルフィア万博において全米の図書館員を集結させて今日のALA（アメリカ図書館協会：American Library Association）を創設して初代事務局長に就いたメルヴィル・デューイ（Melvil Dewey, 1851–1931），今日広く図書館界で用いられる十進分類法の考案者でもあり，全米初の図書館学校（School of Library Economy）をコロンビア大学に開いた，その人によって考案されたという。

すでにこの図書カードは図書館の現場から姿を消してしまっているが，この

図2　図書カードのカードボックス　アメリカ議会図書館
桂英史『図書館建築の図像学』（INAX ALBUM 22）INAX，1994，p. 37.

大量に集積したカードに向かって，目を凝らし，カードを「繰る」という身体的行為を通じて生まれる痛切な感情は，図書館，あるいはアーカイブと言ってもここでの議論に差異はないが，ともに集積，堆積，蓄積の塊りという大容量が存在する「場」においてこそ立ち現れる何ものかがあること，さらに言えば，何かが立ち現れる予感を生じるということである。

2.2　モローとルドンの《出現》から

ギュスターヴ・モローの《出現（Apparition）》（図3・1876）とオディロン・ルドンが木炭で描いた《出現（Apparition）》（図4・1883）のこの対は，例えば，次の喜多崎親氏の論文のように，両者の2図を並べて挿図されることが多くある[i]。ちなみに，この2作について，「ふたつの「出現」の親近性を真っ

図3　ギュスターヴ・モロー《出現》1876　ルーブル美術館　水彩
『ルドン　ひらかれた夢　幻想の世紀末から現代へ』展図録　ポーラ美術館，2018，p. 9.

図4　オディロン・ルドン《出現》1883　ボルドー美術館　木炭
『ルドン　ひらかれた夢　幻想の世紀末から現代へ』展図録　ポーラ美術館，2018，p. 9.

先に指摘したのはサントシュトレームだった」という[ii]。

喜多崎氏の論考においては，ルドンの作品をモローのそれと比較して次のように指摘している。

> (モローの)「ヨハネの首が出現した」というメッセージから「ヨハネの首」という主語を取り去り，「出現」という一般的現象を視覚化したものだと考えられる。

「出現」という暗闇からの立ち上がりの，その瞬間にある何かしらの共通性をよりルドンが自覚的に取り組んだ作例とも言える。

2.3　ルドン《ベレニスの歯》から

ルドンのこの《出現》と同年に描かれた作品《ベレニスの歯》(図5・1883)においては，立ち現れの場を個人の邸宅の図書室の書架の暗がりにおいて設定しているのである。

1835年のエドガー・アラン・ポオの怪奇小説『ベレニス(原題：*Berenice*)』は，ボードレールによって仏語に(1852)，それから大岡昇平の訳によって本邦にも紹介されている[iii]。ボードレールによって仏語訳があるのだが，ルドン自身が，「本棚の見える暗闇から歯が現れ出る[iv]」と覚え書しているこの木炭画もまた，図4の《出現》と同じ，1883年に描かれたものであることをあらためて確認しておきたい。

大学図書館の思い出の随想において，ポオの『ベレニス』との出会いを

図5　オディロン・ルドン《ベレニスの歯》1883　イアン・ウッドナー・ファミリー・コレクション　木炭
『オディロン・ルドン　光と闇』展図録　東京国立近代美術館，1989，p. 83.

述べているのは京都外国語大学の元山千歳氏である。

大邸宅の図書館で生まれた語り手のエグスが熱愛した従妹の生きながら埋葬されたベレニスの墓を暴いた，その後の行為に触れて，元山氏は次のように書いている[v]。

> ベレニスの歯はエクリチュールだ。歯は美しいベレニスを表現する……まだ命あるベレニスから32本の歯を抜き取り，それを小箱にしまい，図書館のテーブルに置く。ベレニスの歯は活字であり，小箱は書物であり……どこの図書館でも，昔も今も，そこにはベレニスの歯が，無限に広がっている。

2.4　〈発現する〉ドキュメンテーションという問いかけ — 2007

以上，図書館の膨大な検索カードから始まり，モロー，ルドンの《出現》とルドンの《ベレニスの歯》を紹介したのは，図書館やアーカイブ，あるいはミュージアムのコレクションの集積（あるいは堆積）から醸成される，ある「立ち現れ」に将来の検索の可能性を予託して企画し，「〈発現する〉ドキュメンテーション」を題目にアート・ドキュメンテーションの立ち位置からシンポジウムを組んだことがあったからである。

ここでいう〈発現〉はルドンの〈出現〉とイコールであるが，その開催趣旨を次のように謳った（図6）[vi]。

> 発現するドキュメンテーション　蓄積と検索から表現へ
>
> Documentation as apparition: from storage and retrieval to ‘expression’
>
> 発現＝apparition は，オディロン・ルドンの作品題名（出現ないし顕現の訳が多い）から想を得ています。薄暗い空間から立ち現れる，出現する何かのイメージをドキュメンテーションされたものの総体から，例えば大図書館あるいは綿密精緻な手業になるカードの大群から感じとることはないでしょうか。１冊の図書を１枚の葉に，棚を枝に，書架を１本の樹木に喩えれば，図書館は森厳な森となり，森の暗闇から木霊がささやきかける。
>
> 図書館に見られるドキュメンテーションされた総体は，常に「場所の感覚（トポス）」を抱え，近づく者を包み，インスピレーション（連想）を与えてきました。

今日，最大の知識空間であるWebの世界を検索するとき，そこにドキュメンテーションされた総体を感じることはありません。あるのは，白々とした画面の中央に口を空けて問い合わせを待つボックスばかりです。しかも，語（word）としてクエリーを投げかけなければ，その場は動き出さない。予感を与えることすらないこの白い画面を前に，立ちすくむような，漠然とした恐れを感じたことはないでしょうか。

図6　発現するドキュメンテーション　ポスター　デザイン：安斎利洋氏　2007.

検索という行為は，外界にあるものへのアプローチの以前に，まず自己の内面，記憶への問いかけから始まります。「頭に釣り糸を垂らす」（宮崎駿）ことで，外界への問い合わせに用いる語なり，フレーズ，あるいは形にはならない予感の始まりを手繰り寄せてくる，つまり，求めるものを「想起」する行為が始点にあります。

「想起」を誘うドキュメンテーション，検索者に予兆を与えて動き出すような「発現」するドキュメンテーションを考えたいと望みました。白々とした画面を膜として，「想起」と「発現」の2つのベクトルが交差する，そんなドキュメンテーションとそのアクセスは可能か，意味はあるか？……予定調和的ではなく，新しいドキュメンテーションの可能性を模索するシンポジウムになることを願っています。

「図書館に見られるドキュメンテーションされた総体は，常に「場所の感覚」（トポス）を抱え，近づく者を包み，インスピレーション（連想）を与えてき」た，と書いた。このトポスの感覚は，近年の図書館建築にあっては，例えば，

図7　オーストラリア・ビクトリア州立図書館　メルボルン
筆者撮影

藤本壮介の武蔵野美術大学図書館における森の形象[vii]，あるいは2022（令和４）年に生まれる新しい石川県立図書館，あるいは秋田の国際教養大学図書館，国際日本文化研究センター図書館，遡れば大英博物館の円形閲覧室もBNの愛称で呼ばれたリシュリュー街の旧フランス国立図書館もアメリカ議会図書館LCも，さらにはオーストラリアの州立図書館（図７）もまた円形の構図を建築に持つことにおいて一貫する形象こそ[viii]，「取り囲まれる」トポスの感覚であるのは，アルヴァ・アールトによるヘルシンキの小ぶりな図書館の親密さや（図８），個人ライブラリである書斎，例えば滝口修造の書斎（図９）にも一貫することを思う時，自ずとこの「発現するドキュメンテーション」は，図書館そしてアーカイブにおいて，森の感覚を想い浮かび上がらせて，次の言葉を紡ぐことになったのである。

図書館は
森
木霊が

図8　フィンランド国民年金協会図書室の読書コーナー　アルヴァ・アアルト作
桂英史『図書館建築の図像学』（INAX ALBUM 22）INAX，1994，p. 33.

図9　西落合の自宅書斎の瀧口修造，1970
『瀧口修造』展図録　世田谷美術館，2005，p. [13]．撮影：羽永光利

ささやく
一冊の本は一枚の木の葉に
一段の棚は一本の樹木に
棚の無限の連なりは森に

2.5 「夥しさ」について語る

本章の最後には，収蔵してしまった素描の集積の「夥しさ」について，東京国立近代美術館に寄贈された若林奮の素描にかかわって収蔵と整理にあたった担当学芸員の言葉を紹介して締めくくりたい。

中林和雄「夥しさについて」

3,000枚の堆積，それはいま美術館の地下で整理され，文字通り堆積しているが，藁半紙や包装紙から画材として売られている紙までを含んだ夥しい数のこの素描群を「全体として」どうとらえ，対処するか……イメージの間断ない自己増殖の底部に蠢くものを察知すべく努めなければなるまい。そこではじめて，堆積についてかろうじて何かを語り得るかもしれない[ix]。

註

i：喜多崎親「イメージの本歌取り ― オディロン・ルドンの2点のスフィンクス」『ルドン　開かれた夢　幻想の世紀末から現代へ』図録　ポーラ美術館，2018，p. 9.
本江邦夫「オディロン・ルドン　光と闇」『オディロン・ルドン展』図録　東京国立近代美術館，1989，p. 16–17.
喜多崎論文に「(ルドンの) この作品は明らかに1876年のサロンに出品されたモローの《出現》を下敷きにしている」と書かれているが，勿論のこと単なる模倣ではないことは，ここに挙げる文献に詳述されているし，これもまた「本歌取り」であり「受容」の形の貴重な一例なのである。

ii：本江邦夫『オディロン・ルドン　光を孕む種子』みすず書房，2003，p. 285および343. Sandström, 1955.

iii：大岡昇平訳『ポオ全集』第1巻　東京創元社，1969所収

iv：本江『オディロン・ルドン』2003，p. 170.

v：元山千歳「ベニレスの歯 ― 学生時代と図書館 (34)」『京都外国語大学付属図書館／京都外国語短期大学図書館　*GAIDAI BIBLIOTHECA*』2000，150.
https://www.kufs.Ac.jp/toshokAn/bibL/bibL150/15002.htM

vi：水谷「当日のイントロダクション原稿」より。
「2007年次大会シンポジウム「発現するドキュメンテーション：Documentation As Apparition」を終えて ― 企画への道のりをふり返る」『アート・ドキュメンテーション通信』2007，74，2007，p. 11.

vii：藤本壮介「書物の森 ― 検索性と散策性と無限の広がり」『新建築』2010，85(9)，p. 76–77.

viii：参考：水谷「知識と情報を編む ― 書誌をめぐる2，3の断想」『人文学フォーラム』2019，17. においてのシャルチェ『書物の秩序』に関する引用など

ix：中林和雄「夥しさについて」『若林奮　素描という出来事：ISAMA WAKABAYASHI Works on Paper』図録，東京国立近代美術館，1995，p. [9]–[11].

3. MとLの間にあって膠着体となるアート・アーカイブ

3.1 アート・アーカイブの多様性の確認

MLA 連携〔論〕の気づきのそもそもの発端については，前に記した本学文学部人文学科の『人文学フォーラム』誌18号の拙論（〈水谷フォーラム18〉）に紹介した1988年の IFLA シドニー大会における美術図書館分科会でのレムケ名誉教授（シラキュース大学，NY）によるキーノートスピーチの論考「Art Archives: A Common Concern of Archivists, Librarians And Museum Professionals」であった。

MLA に携わる専門職能人にあって，「共通関心事」としてアート・アーカイブがあることを，さらに考察するならば，MとLとの間にあって，アート・アーカイブがMとLとの膠着体としてある，と言い換えることができる。

シドニー大会後に *Art Libraries Journal* 誌に掲載されたこの論考は，アメリカにおけるアート・アーカイブの歴史と意義について雄弁に語るのであるが，その濫觴が，第二次世界大戦中の1942年，フィラデルフィア美術館館長フィスケ・キンボールが美術館の理事会に宛てた1通の手紙であったことから書き起こされている。

多くのアート・アーカイブは，〈水谷フォーラム18〉において，図4-7とともに明示した通り，「内なるトライアングル（inner triangle）」，ミハルコ流においては「一つ傘の下の（under the same roof）」MLA の連携の中にあるのに対して，キンボールが示したアート・アーカイブの可能性は，1954年に産声を上げたスミソニアン機構の一つとして今日存在するアーカイブズ・オブ・アメリカン・アート（Archives of American Art，以下 AAA）として成長，結実している。

AAA は「内なる」のとも，「外なる」のトライアングルとも全く異なる，唯一無碍な独立のアメリカ美術のためのアート・アーカイブとして今日，存在している。

この AAA からその副所長と情報資源部長の2人による講演会を2016（平成

図10　Liza Kirwin, Deputy Director, Archives of American Art, June 18, 2016, Archives of American Art: From A to Z
https://www.MoMAt.go.jp/AM/wp-content/upLoAds/sites/3/2016/05/LizA_01to12.pdf
https://www.MoMAt.go.jp/AM/wp-content/upLoAds/sites/3/2016/05/LizA_13to24.pdf
https://www.MoMAt.go.jp/AM/wp-content/upLoAds/sites/3/2016/05/LizA_25to29.pdf

28）年，東京国立近代美術館アートライブラリによって招聘，企画開催している。その講演の全文（英和バイリンガル）と全プレゼンテーション・スライドが同館のサイトにいまも掲載されている[i]。

副所長リザ・キルウィン博士による演題は「AAAのAからZまで—Archives of American Art: From A to Z」であった。

そこに示されたのは，AAAが1954年以来，半世紀を超す歴史と規模において収集したアート・アーカイブの多様性を明確に伝えるものであり，アート・アーカイブの「鵺」的側面というか，Mにも近く，一方でLとの相互侵犯性を持つ多面性を雄弁に語ったと言えよう（図10・表１）[ii]。

そのMとLとの二面性をもつAであるが，MLA連携は，その資料の相互の親和性の順位をもってLAM連携の字順がより相応しいとの意見もある[iii]。

表1　Archives of American Art: From A to Z
Dr. Liza Kirwin, Deputy Director of the Smithsonian's Archives of American Art
『現代の眼』2016, 620, p. 15より
https://www.MoMAt.go.jp/AM/LibrAry/AAA20160618/

A: Autobiography	「自伝」	N: Notebook	「ノート」
B: Biography	「伝記」	O: Oral History	「オーラル・ヒストリー」
C: Contacts	「つながり」	P: Photography	「写真」
D: Diaries	「日記」	Q: Questionnaire	「質問票」
E: Eulogies	「追悼文」	R: Reviews	「評論」
F: Financial Record	「財務記録」	S: Statements	「声明文」
G: Grant Application	「助成金申請書」	T: Tax Records	「納税記録」
H: Handwriting	「手稿」	U: Unidentified	「未確認資料」
I: Illustrated Letters	「絵手紙」	V: Verso	「裏面」
J: Journal	「省察録」	W: Works of Art	「芸術作品」
K: Keepsake	「形見の品」	X: Xerography	「ゼログラフィー」
L: List	「1覧表」	Y: Yearbook	「卒業アルバム」
M: Memoir	「回顧録」	Z: Zine	「ジーン」

3.2　MとLの間にあって相互を膠着するアート・アーカイブ ―MLAの差異を確認しつつ

MLAの同質については，共通する5つのステップとその総体としてのドキュメンテーションがいずれにも存在すると説明した。

対して，その差異について考えるもっとも重要なヒントは，田窪直規氏の博士論文「情報メディアの構造化記述に就いて：その基礎的視点」(2004) が開示した「メディアのメッセージ属性を記述する記述枠とキャリヤー属性を記述する記述枠の2記述砕から情報メディアを記述すると云う視点」から名付けられた「2次元記述系モデル」に負っている[iv]。

このモデルをざっくりと本稿の筆者なりに図示するのが図11である。

「メッセージ属性を記述する記述枠」がボートに乗る「人」であり，これは今日的なインターネットの語彙で言うならばコンテンツということになるだろう。ボートそれは「キャリヤー属性を記述する記述枠」ということになる。

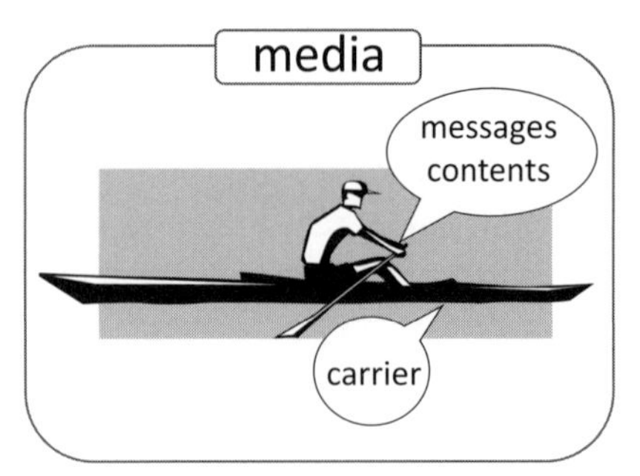

図11　Media ≒ Messages / Contents on Carrier の図
筆者作画

コンテンツはボートというキャリア（運び手・運載体（carrier））に乗(onし)っている。

より絵画的な語彙で言うならば，油彩・麻布，つまりオイル・オン・キャンバス（oil on canvas）と書くように，麻布は支持体（oil＝油絵具を支えるもの（supporter））となり，油彩（oil）はイメージを形象してコンテンツとなり，麻布というキャリアの上に支持されて，乗っかっている。

ここにおいて，コンテンツとキャリアとの関係，すなわち，ボートの乗り方という「on」に着目することは，MLA におけるコンテンツとキャリアとの関係を，横軸に互いの不可分性（bindingness / inseparability）とキャリアの代替可能性（substitutability）という２つの尺度を持つことによって，３者の差異を示すのが**図12**と**図13**（第５章に既出，図９（p. 97）と図10（p. 98）を参照のこと）になるのである[v]。

図12　MLA の差異：唯一性／Uniqueness と contents と carrier との不可分性／Bindingness; Inseparability
図13　MLA の差異：唯一性／Uniqueness と carrier の代替可能性／Substitutability

この２図からアーカイブが ML の中間に位置して，Ｍ とＬとの間にあって，双方を膠着する役割を果たしながら，しかもアート・アーカイブに顕著な，唯一性の高いマニュスクリプトと唯一性は無くて，夥しさと消失性が高い，エフェメラという二面性の故に，常にＭ的であると同時にＬ的でもあるという鵺的であり，あるいは一層のヤヌス性が開示されるのである。

註
i：https://www.MoMAt.go.jp/AM/LibrAry/AAA20160618/
ii：水谷「[情報資料] AAA コレクションの多様性・高エビデンス性とアクセス可能性をめぐって：公開講演会「〔ワシントン・スミソニアン機構〕アーカイブズ・オ

ブ・アメリカンアート（AAA）のすべて」報告」『現代の眼』2016，620，p. 14–16.

iii：田窪直規「博物館・図書館・文書館の連携，いわゆるMLA連携について」『図書館・博物館・文書館の連携』（シリーズ・図書館情報学のフロンティア10）所収，勉誠出版，2010ほか

iv：https://tsukuba.repo.nii.ac.jp/record/17778/file_preview/1.pdf

v：水谷「極私的MLA連携論変遷史試稿」『美術フォーラム21＝Bijutsu forum 21』2017，35，p. 127–134.

水谷「MLA（Museum Library archives）の差異と同質を踏まえて伝える文化“継承”―あるクラスの風景から（新しい知の創造）」『DHjp: digital humanities jp』2014，1，p. 56–60.

4．MLA連携の事例を探すプロセスから

4.1　司書資格課程「図書館基礎特論」・学芸員資格課程「博物館情報メディア論」における「MLA連携の事例を探す」―「作品の「生命誌」」への助走として

〈水谷フォーラム18〉において，筆者が過去ならびに現在の出講先での博物館情報メディア論および本学の司書課程での選択科目である図書館基礎特論における講義において，MLA連携からLとM/Aとの相互関連性，特にその3者間の同質と差異とを伝えることを目的として，図書館法における類縁機関の文脈も当然のことながら踏まえつつ，さらに「MLA連携の事例を探す」ことを受講生全員が，最終課題としてこれに取り組んでいる。

岸田劉生のアート・アーカイブの受入れから始まる「MLA連携」の筆者自身の体験のほか，次の3作の例を課題遂行のための参考事例として示すことをいずれの本学内外の科目において重ねている。

- 古賀春江画《海》（1929）東京国立近代美術館蔵
- 関根正二画《女の顔》（1919）神奈川県立近代美術館蔵
- 松本竣介画《並木道》（1943）東京国立近代美術館蔵

以下，これら3作におけるMLA連携を簡略に紹介するが，いずれも所蔵美術館の学芸員の論考を基礎にして連携の図を模索した筆者のプロセスが背景にあり，個々の作品と作家研究のオリジナルは，個々に紹介する文献業績に拠っており，あらためて謝意を表したい。

古賀，関根，松本の3作を読み解く作業に登場するMと関係する，LとA，とりわけAへのまなざしとその理解が次章最終章の「作品の「生命誌」を編む」に至る核としての役割を担うことを伝える助走になっている。

4.2　古賀春江《海》のモデルへ ― その三段跳び[i]

図14は日本近代のモダニズム絵画の筆頭の一つに挙げられる作品である。描かれた潜水艦や飛行船などモダン・イメージを喚起する工業化の成果とともに図中右手の女性像が謂ゆるモボ・モガを想起させる。この海水浴姿のようにも見える女性像のモデルの探索は，東京国立近代美術館の大谷省吾氏が根気よく

図14　古賀春江《海》1929　東京国立近代美術館蔵
https://seArch.ArtMuseuMs.go.jp/gAzou.php?id=4596&edAbAn=1

そのイメージの起源の探索を図15–17に示すように重ねられた。

　このような作中イメージのオリジンを発見し，同定するプロセスにおいて，この事例は雑誌掲載の写真複製（ドイツ製），その原色多色刷り絵葉書（日本製）からさらには映画フィルムの1コマ（アメリカ製）という，作者の古賀が遭遇したもの，しないものを含んで，多様なアート・アーカイブから探求が進展した，好例である。

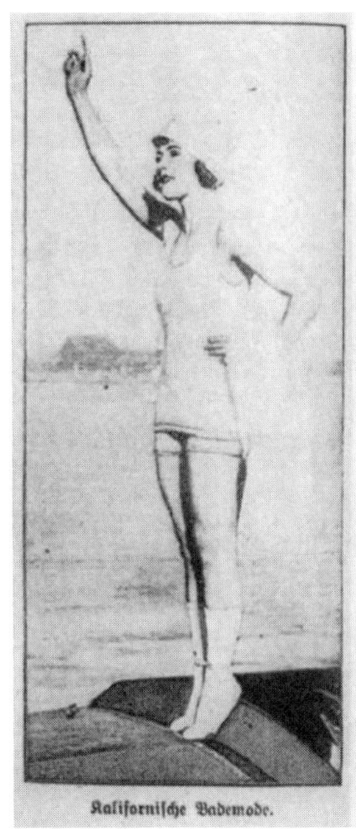

図15　古賀春江《海》のイメージ・オリジン「Kalifornische BadeMode」『ベルリン画報』1920. 8. 1
大谷省吾『激動期のアヴァンギャルド』国書刊行会，2016，p. 51.

図16　古賀春江《海》のイメージ・オリジン『原色写真新刊西洋美人スタイル』第9集　青海堂
大谷省吾『激動期のアヴァンギャルド』国書刊行会，2016，p. 51.

図17　古賀春江《海》のイメージ・オリジン　映画「Teddy At the Throttle」1917のスチール写真
岡崎乾次郎　https://twitpic.coM/2ysipx

4.3　関根正二《女の顔》―美術と演劇　失われた舞台画を求めて[ii]

もう一つは，現在，神奈川県立近代美術館において所蔵作品となった小ぶりな，葉書大の素描（図18）が，おそらく関根の極端に短い生涯の晩年に描かれただろう女性像，オーロラのごとき光の環を冠とした大作で，国民座の舞台に飾られて観衆からはっきりと認識されて[iii]，生田長江の初戯曲『円光』のキー・イメージとなった優品の下絵ではないかという探索の過程で，浮上した多様なアート・アーカイブに係るストーリーである。

それはいまだ発見されない，焼失したかもしれない，破棄されたかもしれない失われた女性像を訪ねる過程で遭遇した，演劇雑誌のグラビアページの写真や公演当時，入場者に配られたエフェメラのプログラム（早稲田大学坪内逍遥博士記念演劇博物館に遺っていた(図19)）など，美術と演劇のアーカイブを巡るものであった。

図18　関根正二《女の顔》1919　神奈川県立近代美術館蔵
http://www.MoMA.pref.kAnAgAwA.jp/webMuseuM/detAiL?cLs=Attkn&pkey=7930

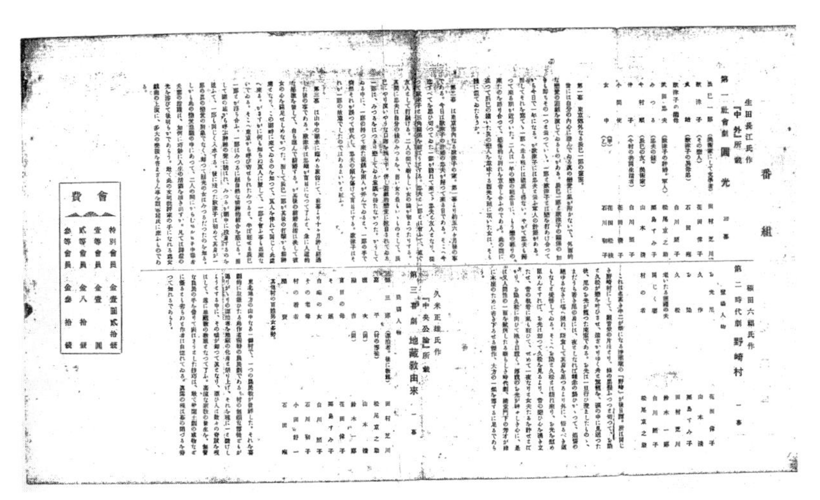

番組

生田長江氏作
『中外』所載
第一 社會劇 圓光 四幕

額田六福氏作
第二 時代劇 野崎村 一幕

久米正雄氏作
『中央公論』所載
第三 喜劇 地藏教由來 一幕

會費

特別會員 金壹圓貳拾錢
壹等會員 金壹圓
貳等會員 金八拾錢
參等會員 金參拾錢

図19　新派劇団　国民座　第5回公演　パンフレット　於　有楽座　1918
早稲田大学演劇博物館蔵

4.4　松本竣介《並木道》―MLAの「もの」に「こと」，すなわち展覧会を第四局として架橋する試み[iv]

松本竣介は岩手県の盛岡に生まれ，幼少期に聴覚を失ったことも一因であったが，絵画制作に進み，1929（昭和4）年に上京して太平洋画会研究所に学び，1935（昭和10）年二科展に初入選，禎子夫人とともに『雑記帳』の全14号を編集発行し，さらに戦火急な1943（昭和18）年に靉光，麻生3郎ら8名の新人画会展を重ねた。

本人その人も，画風も都会的かつ知的な優品を数多く遺して，近年，もっとも広く愛されている日本近代美術の名画家の一人となっている。

惜しくも1948（昭和23）年36歳で他界するが，ここに紹介する《並木道》（図20）には，下絵となった素描（スケッチ）（1940・図21，ご子息莞氏とともに），第2回新人画会の案内葉書（展覧会，1943・図22），自由美術展遺作陳列目録（展覧会，1948・図23），そして没後，日本画・美人画の名手伊東深水が禎子未亡人へ送った書簡（来歴，1949・図24）が，本画に係るアート・アーカイブとして連携し

図20　松本竣介《並木道》1943　東京国立近代美術館蔵
https://search.armuseums.go.jp/gazou.php?id=5177&edaban=3

図21　松本竣介　スケッチ帖　15-9の記号を持つ
『生誕100年　松本竣介展』図録　岩手県立美術館他，2012，p. 212.
スケッチ帖「TATEMONO 1」の「聖橋通り」の書き込みのあるスケッチも掲載，『松本竣介　手帖全6冊』（綜合工房，1985）への収録はない

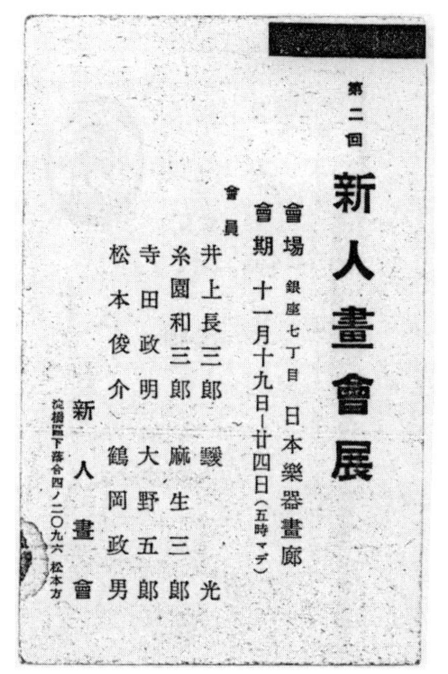
第二回
新人畫會展
會場　銀座七丁目　日本樂器畫廊
會期　十一月十九日―廿四日（五時マデ）
會員
井上長三郎　靉光
糸園和三郎　麻生三郎
寺田政明　大野五郎
松本俊介　鶴岡政男
新人畫會
淀橋區下落合四ノ二〇九六　松本方

図22　《並木道》初出展　第２回　新人画会展　案内葉書　1943
『生誕100年　松本竣介展』図録
岩手県立美術館他，2012，p. 260.
出品の作品名等は無い

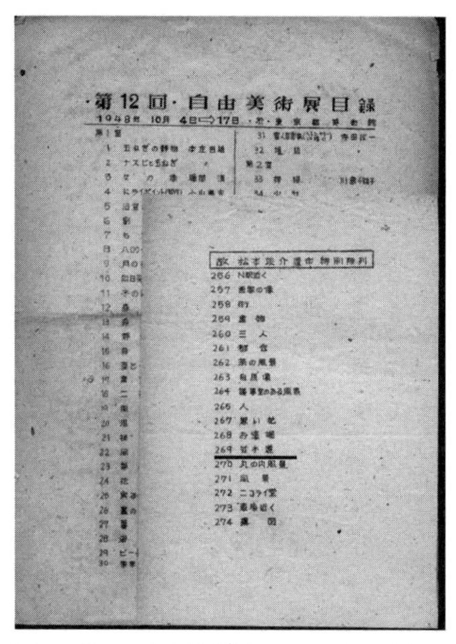
第12回・自由美術展目録
故 松本竣介遺作特別陳列

図23　第12回自由美術展目録　別紙　故松本竣介遺作特別陳列［目録／18点］
1948. 10. 9–27　会場：東京都美術館
難波田龍起アーカイブ　東京国立近代美術館アートライブラリ蔵
参照：田中淳「難波田龍起宛松本竣介書簡集をめぐって」『東京国立近代美術館研究紀要』３号，1991，p. 15–46.

ていることが見て取れよう。

図22・24は作品《並木道》にとっての展覧会歴の，図23は作品の移動，すなわち来歴：プロブナンスの歴史という，作品に係る「こと」の連なりの証左となり，作者松本竣介その人と作品に連携するアート・アーカイブとなるのである。

註

ｉ：大谷省吾「第２章　超現実主義と機械主義のはざまで　古賀春江，阿部金剛を中心に」『激動期のアヴァンギャルド　シュルレアリスムと日本の絵画　1928–1953』国書刊行会，2016，p. 36–84および初出・先行の「古賀春江の《海》のモダンガー

拝啓
陳者昨年十月不計も
自由美術展覧會
場にて御夫君松本竣介
氏の御遺作数点に接
するを得餘りの御見
事なるに感歎仕候
高度なる詩的画
格に於て無比なる
色感に於て優雅
なる獨自な表現に
於て深き生命力に
富む線の躍動に於て
真に近世画壇に
比類無き御作品にて
恍として暫し去りかね
居り候近来いたづら
に不羈奔放をてら
ひアロハ的ガラクタ
洋画の氾濫を
苦々しく嘆し居り候折
から御夫君の真摯
なる藝術に接し
近頃の法悦にて…

図24　松本禎子夫人宛伊東深水の書簡（部分）
『現代の眼』437号，1991，p. 6–7.
翻字は『画家が「いる」場所』に再録

ル」『現代の眼』2000，524ほか，および
https://ArtscApe.jp/study/Art-Achive/10021471_1982.htm

ii：伊藤匡「関根正二と『円光』」『関根正二とその時代 ― 対象洋画の青春』展図録，福島県立美術館，1986，p. 153–155.
水谷「関根正二と生田長江　《女の顔》（神奈川近美蔵）をめぐって ― 美術・演劇・文芸をつなぐMLA」『ふぉーらむ』（発行：図書館サポートフォーラム）2013，10，p. 30–33.

iii：今東光は「それは若い夫人の頭の辺にオーロラの輝いた一種の宗教画のような肖像画」と，伊東深水は「その舞台面を見に行ったが私は戦慄を覚えるほどその作品に威嚇された。実にその時から君の芸術は日本人とは思へぬ程美しい色彩と，しかも時代を超越したその作構は全く日本の天才であることを痛切に感ぜしめるほど強く思はれた」と書き残している（いずれもiiの伊藤氏による論文の引用より参照）。
2019年，関根の生誕120年・没後100年に際して同じ福島県立美術館ほかでの関根正二展図録に載っている「コラム3　「地蔵経由来」と「円光」」においては，「大正期の文学と美術，演劇の交錯は，なおも更なる考察に開かれている」（三本松倫代（神奈川県立近代美術館））と締め括られている。

iv：田中淳「研究ノート〈並木道〉をめぐって」『現代の眼』1991，437，p. 6–7および「松本竣介 ― 淀橋区下落合4丁目アトリエのなかで」『画家がいる「場所」近代日本美術の基層から』ブリュッケ，2005，p. 335–351.

第4局（展覧会：「こと」）への架橋については，下記を参照されたい：
水谷ほか「独立行政法人国立美術館における情報〈連携〉の試み：美術館情報資源の利活用試案ならびに他関連機構との連携について」『東京国立近代美術館研究紀要』2008，12，p.5-26.

5．作品の「生命誌」を編む　―受容史を生み，育むアート・アーカイブ

かつて美術品は教会や王や貴族といったパトロンたちの依頼において作品となり，あるいはルーベンスのように多くの弟子たちを抱えた工房で生み出されるものであった。近代的な作家の自立性は，作品の製作それ自体を作家自身の内なる空間においてのみに閉ざすものとなり，例えば，大正期日本画壇においてその深い精神性をもって独自の地歩を築いた村上華岳の言葉の通り「製作は密室の祈り[i]」となった。画室でありアトリエという密室から作品が作家の手を離れ，社会化していく，観者を得ていく過程，それはつまり社会が作品と作家とを受入れていく，その受容の歴史，受容史に他ならない[ii]。

作品は受容史の成立において，時間軸を持ち始めるのである。

5.1　作品目録に現れる様々な「もの」と「こと」の歴史

図25は1987（昭和62）年，東京国立近代美術館でのポール・ゴーギャン展図録においての大原美術館所蔵のゴーギャン作《テ・ナヴェ・ナヴェ・フェヌア（かぐわしき大地）》の作品データの詳細である[iii]。

本展覧会は本邦での本格的なゴーギャン回顧展であるとともに，全テキスト和英バイリンガルで2冊の図録を別途に刊行して，日本におけるゴーギャン研究の精華を問うものであったと記憶されている。

このデータを詳細に見ていくならば，2系統のデータの記載であることが分かるし，謂ゆる欧米でのカタログ・レゾネ（個人作家作品総目録：Catalogue raisonné）の記載のスタイルと項目を遵守している。

2系統とは，図25においてデータの両脇に太実線を付した部分，すなわち作品自体に内在しているデータと，点線を付した部分は作品の制作の後日に，ゴー

テ・ナヴェ・ナヴェ・フェヌア（かぐわしき大地）
1892年
油彩，麻布
91.0×72.0cm
中央下底に署名と年記：P. Gauguin 92
中央下底に書きこみ：Te Nave Nave Fenua
倉敷，大原美術館蔵

Te Nave Nave Fenua (The Delicious Earth)
Te Nave Nave Fenua (*Terre délicieuse*)
1892
Oil on canvas
91.0×72.0cm
Signed and dated center bottom : P. Gauguin 92
Inscribed center bottom : Te Nave Nave Fenua

Prov. : Vente Gauguin, Paris 1895, no. 18 ; bought Roderick O'connor ; Camille Weber ; Bernheim-Jeune, Paris (bought August 1921) ; Magosaburo Ohara (bought 2 November 1922).

Exh. : Paris 1893, no.16.
Lit. : Andersen 1971, pp. 174-75, fig. 99 ; Jirat-Wasiutynski 1978, pp. 267 ff., fig. 130 ; Vance 1983, p. 231 ; Amishai-Maisels 1985, pp. 175 ff. ; W455 ; F33.

Ohara Museum of Art, Kurashiki

図25　ゴーギャン《テ・ナヴェ・ナヴェ・フェヌア（かぐわしき大地）》
1862
大原美術館蔵
『ゴーギャン展』図録　東京国立近代美術館，1987，p. 96-97.

ギャン自身ではなく他者またはこの作品を取り巻き，受け入れていった「社会」が作品に付与した，すなわち作品の外から受容の履歴において生じ，まとわり付いていったデータということになる。

今日，美術館や博物館からの所蔵作品のデジタル・アーカイブ化とその公開，さらにはジャパンサーチやその本家とも言えるヨーロピアーナをめぐるメタデータの議論においては，どちらかと言えば前者のデータ群が注目されがちであるが，受容史の観点から美術史と作家作品研究を詳細に見るならば，この後者の「受け入れていった「社会」が作品に付与した」データ，すなわち受容史という歴史の中で作品に「まとわり付いていったデータ」もまた同等に重要度を増すのである。

後者を見れば，来歴としてのプロブナンス（Provenance: Prov. と略記），展覧会歴（Exhibition: Exh. と略記してカタログ末尾に詳細の一覧を付す），文献歴（Literature: Lit. と略記してカタログ末尾に詳細の一覧を付す，Bibliography

と記す場合も多い）であり，これら3つの「歴」は，謂わば，作品という「もの」に付された，移動と展覧会と言説あるいは研究という「こと」に係るデータと言えるだろう。

5.2 「作品の「生命誌」を編む」という受容史へのアプローチとアート・アーカイブ

中村桂子氏は，東京大学大学院生物化学を修了されて，『生命科学』（講談社，1975，講談社学術文庫，1996）を皮切りに，単著を重ねられて，『生命誌の扉をひらく ― 科学に拠って科学を超える』（哲学書房，1990）をはじめ，『生命誌の世界』（日本放送出版協会・NHK ライブラリー，2000）（改題『生命誌とは何か』講談社学術文庫，2014）など，生命の歴史を「誌」すことを提唱されて，「生命誌」を広く人口に膾炙するに至らしめた。2020（令和2）年3月までJT 生命誌研究館館長を務めて，現在は同館の名誉館長になられている[iv]。

この「生命誌」の語彙が美術史の言説において「作品の「生命誌」を編む」として語られ始めたことを明示する文献を，いま確認することはできない。

1997-2000（平成9-12）年度に東京国立文化財研究所（名称当時）は，科学研究費補助金（研究代表者：米倉迪夫）による「日本における美術史学の成立と展開」における研究発表，総合討議を重ねている。そのシンポジウムや成果報告書において「作品の「生命誌」」が語られたものであることは，下記の引用から妥当であるように思われる。

2001（平成13）年3月に刊行されたこの科研の報告書において，研究代表者であった米倉迪夫氏は，「美術史の場」と題する論考の第2章を「作品誌」と題し，その文中において，伝源頼朝像についての試論が「「作品誌」への一歩であるといってよい」と述べている。また，同氏はこの章末を「この作品誌の構想は，三浦定俊氏（東京国立文化財研究所，当時）によって「文化財の「生命誌」として改めて構想されつつある」と記して締め括っている[v]。

あるいは，研究代表者：八重樫純樹静岡大学情報学部教授の「広領域分野資料の横断的アーカイブズ論に関する分析的研究」において，米倉氏と同僚であった島尾新氏が「文化財のドキュメンテーション ― 作品の「生命誌」」と題する発表を静岡大学情報学部において2001年7月29日に行っていることからしても,「作品の生命誌」の発信源は当時の東京国立文化財研究所における，美術史の再構築に係る前記研究の一連の過程と成果からと言ってよいだろう[vi]。

以上，長々とアート・アーカイブにかかわって「再考」してきた。

AAAの当時副所長であったキルウィン氏が示したその機関のコレクションの多様性・多義性からは，時として眩暈感も沸き起こるが，アート・アーカイブが何かとあらためて問うならば，AAAがかつて開いたその展覧会の「頼りがいのある資料：*Reliable Sources*[vii]」というタイトルがもっとも相応しいように思われるのである。

註

i：村上華岳「談話　製作は密室の祈り」『畫論』弘文堂書房，1941，p. 22.
「畫室で製作するのは丁度密教で密室に於いて秘法を加持護念するのと同じ事だと思つてゐます」『同　新装版』(1968，中央公論美術出版)

ii：日本近代美術における受容史に係って下記の文献は重要である。
・五十殿利治著『観衆の成立　美術展・美術雑誌・美術史』東京大学出版会，2008
五十殿利治研究代表，2005 (科学研究費補助金 (基盤研究 (B)(1)) 研究成果報告：平成14年度-16年度)
・東京文化財研究所編『うごくモノ —「美術品」の価値形成とは何か』平凡社，2004
※文化財の保存に関する国際研究集会報告書
・『「美術」展示空間の成立・変容-画廊・美術館・美術展』長田謙一研究代表 (科学研究費補助金 (基盤研究 (B)(1)) 研究成果報告：平成10-12年度)

iii：『ゴーギャン展 — 楽園を求めて』東京国立近代美術館，1987，p. 96-97.

iv：https://www.brh.co.jp/About_seiMeishi/Message/honorary_director/profiLe/

v：米倉「美術史の場」p. 219-220.

vi：「東京文化財研究所年報2001」のPDFより
https://www.tobunken.go.jp/joho/jApAnese/pubLicAtion/nenpo/2001/pdf/4.pdf

vii：*Reliable Sources: A Selection of Letters And Photographs from the Archives of American Art*, The Smithsonian Institution Press, 1988, 120p.

おわりに — 謝辞にかえて

レムケ先生が示されたアート・アーカイブ像の明確な表出との対面がなければ，筆者のMLA連携〔論〕への探索も展開もやはりなかった，とあらためて思う。

本稿は，アート・アーカイブに関わって，前職の美術館で遭遇してきた先行諸研究の成果を「再考」し，あらためてアート・アーカイブを見直しつつ，自己体験の紹介を試みたものである。論考自体に美術史研究に寄与する新規性はない。

もしも些少であれ何らかの意味があるとするならば，本学のように，まごうかたなき一学祖から始まり，2025年には150周年を迎える一学術機関として，その歴史を検証し顕彰することにMLA連携の，学祖跡見花蹊がその自身のキャリアを日本画家としてスタートさせていたことを想起するならば，わけてもAのアート・アーカイブの意義を再考することは，いまこそ好機であると考えた故である。

最後にふたたび中野京子氏の「怖い絵」に帰るならば，「絵画を歴史として読み解く，あるいはこれまでと違う光を当てて観る，そこから新たな魅力が発見できるのではないか[i]」という可能性において，アントワネットを描いたダヴィッドの1枚の素描と同等において偏在するだろうアート・アーカイブは，本画と拮抗しつつ，互いが繋がりあうのだと思えるのである。

本文中においても記しましたが，本稿においては，MLAのいずれの機関およびそこに従事し研鑽されて貴重な論考を重ねられた先学のご業績に負うものが大であり，あらためて謝意を表し，また本稿の「再考」がここに紹介の文献等の「再見・再訪」につながれば，これに以上する幸いはありません。

註

i：中野京子「まえがき」『「怖い絵」で人間を読む』（生活人新書325）日本放送出版協会，2010，2017年の同題展覧会図録に再録，p. 9.

掲載図版

1　ダヴィッド《マリー・アントワネット最後の肖像》1793　フランス国立図書館　鉛筆
https://gALLicA.bnf.fr/Ark:/12148/btv1b84119831.r=DAvid%20Antoinette?rk=42918;4

2　図書カードのカードボックス　アメリカ議会図書館

桂英史『図書館建築の図像学』（INAX ALBUM 22）INAX，1994，p. 37.

3　ギュスターヴ・モロー《出現》1876　ルーブル美術館　水彩
『ルドン　ひらかれた夢　幻想の世紀末から現代へ』展図録　ポーラ美術館，2018，p. 9.

4　オディロン・ルドン《出現》1883　ボルドー美術館　木炭
『ルドン　ひらかれた夢　幻想の世紀末から現代へ』展図録　ポーラ美術館，2018，p. 9.

5　オディロン・ルドン《ベレニスの歯》1883　イアン・ウッドナー・ファミリー・コレクション　木炭
『オディロン・ルドン　光と闇』展図録　東京国立近代美術館，1989，p. 83.

6　発現するドキュメンテーション　ポスター　デザイン：安斎利洋氏　2007.

7　オーストラリア・ビクトリア州立図書館　メルボルン
筆者撮影

8　フィンランド国民年金協会図書室の読書コーナー　アルヴァ・アアルト作
桂英史『図書館建築の図像学』（INAX ALBUM 22）INAX，1994，p. 33.

9　西落合の自宅書斎の瀧口修造，1970
『瀧口修造』展図録　世田谷美術館，2005，p. [13]．撮影：羽永光利

10　Liza Kirwin, Deputy Director, Archives of American Art, June 18, 2016, Archives of American Art: From A to Z.
https://www.MoMAt.go.jp/AM/wp-content/upLoAds/sites/3/2016/05/LizA_01to12.pdf
https://www.MoMAt.go.jp/AM/wp-content/upLoAds/sites/3/2016/05/LizA_13to24.pdf
https://www.MoMAt.go.jp/AM/wp-content/upLoAds/sites/3/2016/05/LizA_25to29.pdf

11　Media≒Messages/Contents on Carrier の図
筆者作画

12　MLA の差異：唯一性／Uniqueness と contents と carrier との不可分性／Bindingness; Inseparability
筆者作画（第5章図9（p. 97）として既出，本章では割愛）

13　MLA の差異：唯一性／Uniqueness と carrier の代替可能性／Substitutability
筆者作画（第5章図10（p. 98）として既出，本章では割愛）

14　古賀春江《海》1929　東京国立近代美術館蔵
https://seArch.ArtMuseuMs.go.jp/gAzou.php?id=4596&edAbAn=1

15　古賀春江《海》のイメージ・オリジン「Kalifornische BadeMode」『ベルリン画報』1920. 8. 1
大谷省吾『激動期のアヴァンギャルド』国書刊行会，2016，p. 51.

16　古賀春江《海》のイメージ・オリジン『原色写真新刊西洋美人スタイル』第9集　青海堂
大谷省吾『激動期のアヴァンギャルド』国書刊行会，2016，p. 51.

17　古賀春江《海》のイメージ・オリジン　映画「Teddy At the Throttle」1917のスチール写真
岡崎乾次郎　https://twitpic.coM/2ysipx
18　関根正二《女の顔》1919　神奈川県立近代美術館蔵
http://www.MoMA.pref.kAnAgAwA.jp/webMuseuM/detAiL?cLs=Attkn&pkey=7930
19　新派劇団　国民座　第5回公演　パンフレット　於　有楽座　1918
早稲田大学演劇博物館蔵
20　松本竣介《並木道》1943　東京国立近代美術館蔵
https://search.armuseums.go.jp/gazou.php?id=5177&edaban=3
21　松本竣介　スケッチ帖　15-9の記号を持つ
『生誕100年　松本竣介展』図録　岩手県立美術館他，2012，p. 212.
スケッチ帖「TATEMONO 1」の「聖橋通り」の書き込みのあるスケッチも掲載，『松本竣介　手帖全6冊』（綜合工房，1985）への収録はない
22　《並木道》初出展　第2回　新人画会展　案内葉書　1943
『生誕100年　松本竣介展』図録　岩手県立美術館他，2012，p. 260.
出品の作品名等は無い
23　第12回自由美術展目録　別紙　故松本竣介遺作特別陳列［目録／18点］1948. 10. 9–27　会場：東京都美術館
難波田龍起アーカイブ　東京国立近代美術館アートライブラリ蔵
参照：田中淳「難波田龍起宛松本竣介書簡集をめぐって」『東京国立近代美術館研究紀要』3号，1991，p. 15–46.
24　松本禎子夫人宛伊東深水の書簡（部分）
『現代の眼』437号，1991，p. 6–7.
翻字は『画家が「いる」場所』に再録
25　ゴーギャン《テ・ナヴェ・ナヴェ・フェヌア（かぐわしき大地）》1862　大原美術館蔵
『ゴーギャン展』図録　東京国立近代美術館，1987，p. 96–97.

第10章　第3部のための補論　第1篇

特集「アート・アーカイヴ」にあたって

アート・アーカイヴ（Art Archives）を作品と公刊，活字化された図書・文献との〈あわい〉にあるものと定義してみます[1]。美術館に美術作品があって，その事業としての展覧会や調査研究に美術図書や雑誌が必要になりますが，もう一つ，両者の中間のように位置して，ともすれば失われやすい貴重な資料として，アート・アーカイヴのあることを確認してみたいと思います。それは，例えば，作家やその遺族，関係者の書簡であったり，画帖，スケッチブックや日記や原稿など自筆になるもの。展覧会の葉書，一枚物の目録や冊子，少部数発行された同人誌的な雑誌，あるいは失われた作品を記録し作家の風貌，生活や制作の様子を伝えるおびただしい写真。失われやすいという点で，エフェメラ（ephemera）とも呼ばれるものたちです。

当館では，1966（昭和41）年6月，岸田劉生のご遺族より寄贈された作品および関係資料を一括展示した展覧会のタイトルを〈Ryusei Kishida: Works And Archives〉とし，目録をあわせて刊行しました。

近代美術館の中には〈もの〉としてのアーカイヴが確固として存在しましたが，その入れものとして，整理保管し，閲覧〈観覧〉に供する〈場〉としてのアーカイヴは形成できないでいました。

ご承知の通り，現在，当館の竹橋・本館は増改築の工事中です。作品や職員が京橋のフィルムセンターに避難しているように，アーカイヴを含む資料と担当係員も竹橋を離れ，工事終了後に開室を予定する資料室を準備していますが，その作業の中で，図書や雑誌と並んで，この失われやすいアーカイヴをいかに保存しつつ，提供可能にするかを模索しています。かつて京橋から竹橋へ近代美術館が移転したときに箱詰めされた資料をまた開封して整理する作業が続いています。こんな資料があったのか，と驚く機会もあれば，その雑多な資料の山を前にして途方に暮れることも一再ではありません。

ここにアート・アーカイヴを特集してご紹介するのは，美術館や文学館，あるいは美術研究所においてアーカイヴを所蔵し調査研究に資するようにつとめている例や，展覧会準備の過程でアーカイヴが失われつつある現場に立ち会った体験などがさまざまに語られています。

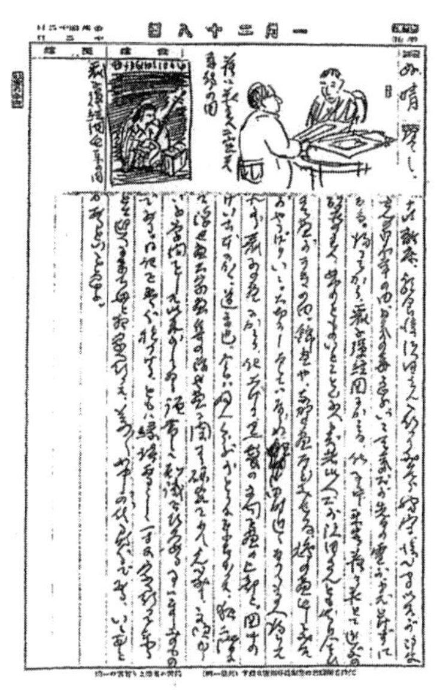

劉生日記　大正12年1月28日　東京国立近代美術館蔵

近年開かれる展覧会には，アーカイヴの存在から，作家の実像にあらためて迫ろうとするものがあり（例えば和歌山県立近代美術館ほかでの「田中恭吉展」），一時代の美術現象を再構築する試みもあります（草月美術館の「秘蔵資料にみる戦後美術の証言」展など）。アート・アーカイヴから始めることによって，新たな近現代美術の研究の深化が進んでいます。集められ，参照されたアーカイヴが，展覧会の後においてもなお共有の研究資源になる方法の一端が[2]，この特集にあることを期待しつつ，また増改築後の新しい資料室の資料の収集，整理や運営自体にとって，特に近代美術のアーカイヴの形成において参考とできることを願っています。

註

1：archives は今，流行語の感があり，表記はアーカイブ，アーカイヴ，アーカイヴス（ズ）などと揺れていますし，デジタル・アーカイブという言葉もしばしば目にします。archives は，〈もの〉そのものを示すとともに，それを納める〈場〉でもあるという二義性があります。

2：アート・アーカイヴの共有化の技術が，デジタル化とインターネットにあることは自明でしょう。今日，デジタル技術の導入以前の課題としてあるべき，〈場〉としてのアーカイヴの形成を同時に進めなければならないところに困難があり，アーカイヴのデジタル化ではなく，いきなり，「デジタル・アーカイブ」が目的化されがちな現状に対して，この特集は，いささか懐疑的であるのかもしれません。

第10章　第3部のための補論　第2篇

エフェメラへ向かう
美術館の中のライブラリでライブラリアンが愛すべき難敵

ephemera
1．〔昆虫〕= ephemerid.
2．（カゲロウのように）極めて短命なもの，はかないもの；すぐ役に立たなくなるもの『研究社新英和大辞典』

EPHEMERA（Printed ephemera）
See Also VERTICAL FILE
Artefacts, especially documents, produced for A particular purpose or occasion And not intended for preservation; ... documentation produced in connection with Art exhibitions, etc.
Multilingual Glossary for Art Librarians. Saur, 1996.

図書館情報大学，いまは筑波大学，の図書館情報学科に第三年次編入学し，その地に2年間学んだ後，東京国立近代美術館企画・資料課の資料係に研究員として着任してから，すでに二昔を越えて過ぎてしまった。その期間は，仕事の主な流れから，3期に分かれるように思う。

最初期の1期は1994（平成6）年までのおよそ10年。インターネットの導入以前で，所蔵作品ならびに所蔵図書資料のデータベース化も十分に進まず，公開のライブラリなど影も形もないままに主として展覧会のサポート，特に書誌・年譜の作成をアート・ドキュメンテーションの課題として取り組んでいた時期。2期は95（平成7）年から2001（平成13）年まで，インターネットの導入，ホームページの開設，作品・図書ともに本格的にデータベース化を目指した試行錯誤の期間。3期はいまに続く，公開のアートライブラリを東京国立近代美術館とそして今年1月に六本木に開館した国立新美術館においても開室し，サービスの維持を続ける日々。３期においては，2001年，国立美術館は独立行政法人となり，2006（平成18）年からは，法人本部（統括管理部）に情報企画室が設置され，その室長と東京国立近代美術館の情報資料室長を掛け持ちしている。

近頃，年間150万人目標のところを７カ月で早200万人を突破した国立新美術館。展覧会入場者数も破格だが，その３階にあるライブラリの利用者も極めて多く，開室当初は日に2000人を越えることもあった。このようなことは東京国立近代美術館のアートライブラリではまったくないが，美術館や博物館の中に公開の図書室が設けられ，展覧会や所蔵品に関わってさらに知識や情報を得る場があることは少しずつ，知られるようになってきた。また，東京国立近代美術館，東京都現代美術館，横浜美術館が2004（平成16）年に始めた美術図書館横断検索（ALC: Art Libraries' Consortium）は，今年夏，東京国立博物館ほかを加えて８館10室の横断検索サイトになっている（https://alc.opac.jp）。この事業は，幸いなことに本年６月のアート・ドキュメンテーション学会の総会において，第１回野上紘子アート・ドキュメンテーション学会推進賞を受賞した。段々と美術館や博物館がお宝鑑賞のちょっと敷居の高い施設から，目も心も頭も楽しみかつ学ぶ場であろうとする方向に，この「館」の中の図書室もまたささやかな力を発揮していることに注目する新聞報道もあらわれている（「８美術・博物館の蔵書をPCで検索64万冊の貴重な資料　学会の推進賞に」『朝日新聞』2007/8/31（金）第２神奈川版30面）。

さて，エフェメラである。まだまだ課題は山とあるが，美術館の中の図書室，ことにALCに参加のライブラリは，展覧会カタログをはじめ，なかなかやっかいな美術資料群に良く奮戦し，公開からさらにコンソーシアム構想のもとでの横断検索の実現にこぎつけ，人的配置の状況に不安を残すが，一定のレベルは実現できたように思う。数字だけでは意味がないのは承知だが，一日一千人を越えて利用者が訪れる美術館の中のライブラリは，欧米でも例はないのではないか。

ここに至って思うのは，インターネットも夢の時代，94年以前の１期において，展覧会準備の調査や書誌・年譜の作成でもっとも有意な情報をもたらした一次資料であるとともに，カゲロウのようにはかなく，いまなお実体はあっても組織化されず，検索・利用の手立てのないままに蓄積のみを続けるエフェメラに取り組むことである。ここで言うエフェメラは，展覧会の案内状，チラシ，チケット，クリッピング，プレスリリースなど，加えて作家の手稿や書簡などアーカイブもまた混入する。図書，雑誌，カタログという美術図書館の三大要素は，ほぼ組織化の目途が立ち，OPACへの公開の道筋が確立した。これからの課題は，それら資料との調和・整合を図りながら，エフェメラを美術図書館の資料として位置づけ，館内学芸業務と館外研究者にも開かれつつ調査研究に直結させることである。確かにエフェメラに取り組むことは労多くして効少ないかもしれない。どのかたまりをどのように優先させていくかが思案のしどころでもある。

「21世紀のデジタル・イメージとアートライブラリ（Digital Images And Art Libraries in the Twenty-First Century）」と題して特集した*Journal of Library Administration*（VoL. 39, No. 2/3, 2003）の一篇は，「今日のエフェメラ，明日の史料（Today's Ephemera, Tomorrow's Historical Documentation）」と題する論文だった。確かに！と思う。

近代美術館へ入ってすぐに関わった松本竣介展，その図録の年譜の一行の事績，1935（昭和10）年12月，谷中三崎町団子坂下茶房りゝおむでの佐藤俊介氏洋画小品展を証するものは，唯に粗末な紙質の一枚の葉書に白黒ガリ版印刷された案内状に他ならなかった。

近代の歴史は，情報やメディアとなる以前の，片々たる紙切れ，エフェメラにおいて生起し，保存されている。研究者もそこにターゲットを当てながら調査と研究を進めている。美術館の中の図書室，アートライブラリが真に研究機能を持つためには，やはりエフェメラに向かわざるを得ないし，私の美術館での第1期に遭遇した体験を再びいまこの環境に引き寄せて，エフェメラを含んだ美術資料の再組織化をもう一度考えてみたいと願っている。

終　章

MLA を越えて
新たな調査研究法（リサーチ・メソッド）としての MLA から SLA へ

1．はじめに — 本稿の由来と成立ち

1.1　MLA 連携〔論〕とは

人文学諸学の研究者においては，謂ゆる MLA あるいは MLA 連携，およびその連携論は，まだ認知度の低い用語であろうが，M: Museum, L: Library, A: Archive の現場関係者および博物館学，図書館情報学，アーカイブズ学に携わる者にとっては，すでに耳にも馴染んだ用語であるとともに，共通の課題として認識されているものである（以下，〔論〕も含んで MLA 連携として総称し記載する）。それは例えば，2013（平成25）年刊行の『図書館情報学用語辞典』第 4 版に「MLA 連携」が項目として採られて，以下のように記されていることからも推察できよう[1]。

> 博物館（Museum），図書館（Library），文書館（Archives）の間で行われる種々の連携・協力活動．2008年，IFLA[2] と OCLC[3] から MLA 連携についての報告書が出されたのを契機に関心が高まっている．日本でも博物館，図書館，文書館は元来，文化的，歴史的な情報資源の収集・保存・提供を行う同一の組織であったものが，資料の特性や扱い方の違いに応じて機能分化した一方で，施設の融合や組織間協力を続けてきた．近年，ネットワークを通した情報提供の伸展に伴い，利用者が各機関の違いを意識しなくなりつつあることを踏まえ，組織の枠組みを超え，資料をデジタル化してネットワーク上で統合的に情報提供を行うための連携・協力などがなされている．

あるいは学芸員資格課程においての必修科目である博物館情報・メディア論の新たなテキストとなるべく2017（平成29）年に創刊された「博物館情報学シリーズ」の初巻である『ミュージアムの情報資源と目録・カタログ』（同年刊）において，企画編集委員を代表する水嶋英治が，担当の1章「博物館情報学の三大原則」の冒頭において，「ミュージアム・ライブラリ・アーカイブズ（MLA）の世界にも情報革命が浸透しているのは万人周知の事実である」と書き，博物館情報学の研究領域の「組織 ― 制度系」の内容の筆頭に，MLA 連携を挙げていることなども証左の一つとなるだろう[4]。

日本アーカイブズ学会[5]あるいはデジタルアーカイブ学会[6]においても MLA 連携に視座を向けた諸論考の発表があり，また2011（平成23）年の3.11の災後に，いち早く連携の活動を始めた saveMLAK もまた見逃せないものである[7]。

1.2　MLA 連携の萌芽とその展開

1.2.1　MLA 連携の萌芽 ― 連携のトライアングル・イメージの成立に関わる私的由来：アート・アーカイブからの始まり

いささか過去へ遡るが，筆者が，MLA が繋がり，連携することの要に，アート・アーカイブが存在することを知った契機は，1988（昭和63）年の夏，シドニーでの国際図書館連盟（IFLA）年次世界大会の美術図書館分科会におけるレムケ名誉教授（Antje B. Lemke, Professor Emeritus of Syracuse University, NY, USA）の “Art Archives: A Common Concern of Archivists, Librarians and Museum Professionals” という基調講演であった[8]。

この講演タイトルの中において，すでに MLA 連携の萌芽を見て取れるのであるが，その2年後の1990（平成2）年，レムケ教授が奉職された大学を訪問した折のこと，講義で使用のテキストのそのイントロダクションにおいて一層明確に，MLA 連携のことが，“Relationship of Art Archives to Libraries, Museums, and other Art Information Centers” と記されていた（図1）[9]。

ここに MLA 連携の基本と連携の要となるアート・アーカイブの概念的理解を得たことになるのだが，それは筆者自身の MLA 連携「観」の深化にとって大きなインスピレーションとなったことを，ここに明記しておきたい。

同じ1990年の旅の途上において，ニューヨーク近代美術館（MoMA）を訪

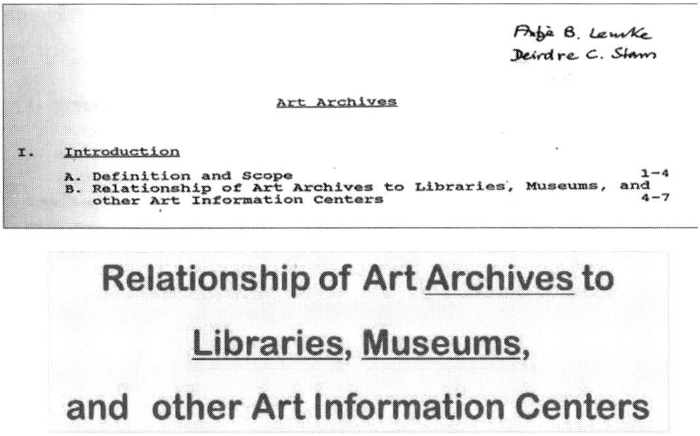

Antje B. Lemke
Deirdre C. Stam

Art Archives

I. Introduction

A. Definition and Scope　1-4
B. Relationship of Art Archives to Libraries, Museums, and other Art Information Centers　4-7

Relationship of Art Archives to Libraries, Museums, and other Art Information Centers

図1　アート・アーカイブの理念との遭遇
註9を参照のこと

問し，シドニー大会に先立つ，1986（昭和61）年のIFLA東京大会以来の知己であった，MoMAライブラリ&アーカイブのディレクターであったクライブ・フィルポット氏（Clive Phillpot）が私に披露されたのが，パブロ・ピカソがMoMA初代館長のアルフレッド・バーJr.（Alfred Barr Jr.）に宛てた絵手紙であった（**図2**，第5章に既出，図1（p. 88）を参照のこと）。

図2　アート・アーカイブの実体との遭遇
Jan. to Feb. 1990, US government invited the author to US art libraries, 26 Feb., 1990, MoMA, NY, Library & Archives Director, Clive Phillpot & Picasso's illustrated letter to the 1st Director of the museum

まさにアート・アーカイブそのものであり，さらに膨大かつ多彩なアーティストの手稿，日記を始めとするMoMAのアーカイブが持つアート・アーカイブのリアルな実体にようやく遭遇対面したのであった[10]。

この2つの貴重な体験を持って帰国した筆者の専門職能のタスクとして待っていたのが，日本近代洋画史において最も重要かつ多面性を持つ画家岸田劉生のアーカイブの寄贈であり，本格的な整理業務の遂行であった[11]。その業務実践を通して，MLA連携のトライアングルの図が描かれていったのである（図

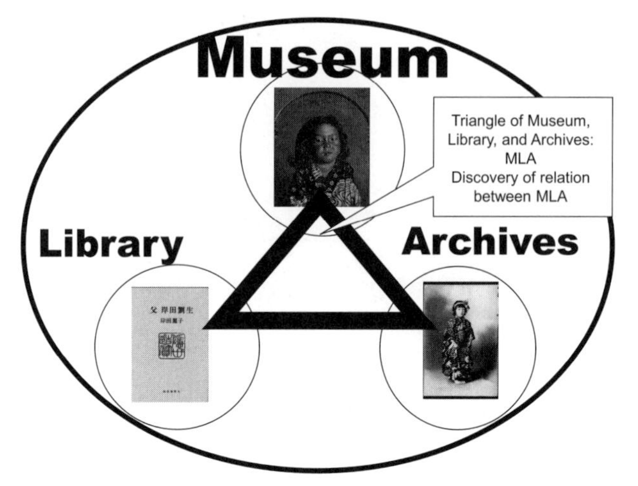

図3　MLA 連携のトライアングル・イメージ
M：岸田劉生画《麗子五歳之像》／L：岸田麗子著『父岸田劉生』1962（初版）／A：写真《麗子五歳》

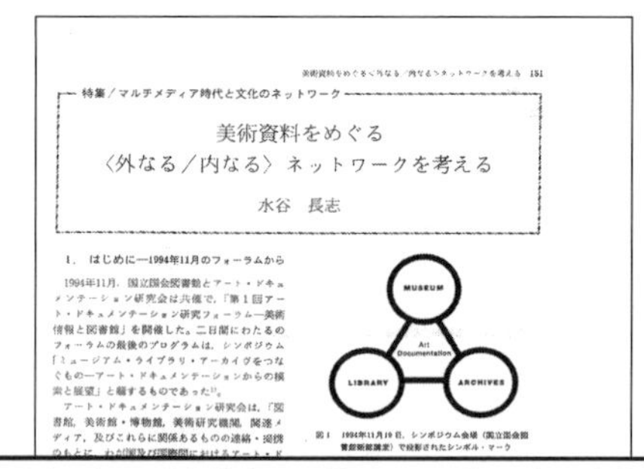

美術資料をめぐる〈外なる／内なる〉ネットワークを考える　151

特集／マルチメディア時代と文化のネットワーク

美術資料をめぐる
〈外なる／内なる〉ネットワークを考える

水谷　長志

1．はじめに―1994年11月のフォーラムから

1994年11月，国立国会図書館とアート・ドキュメンテーション研究会は共催で，「第1回アート・ドキュメンテーション研究フォーラム―美術情報と図書館」を開催した。二日間にわたるのフォーラムの最後のプログラムは，シンポジウム「ミュージアム・ライブラリ・アーカイヴをつなぐもの―アート・ドキュメンテーションからの模索と展望」と題するものであった[1]。

アート・ドキュメンテーション研究会は，「図書館，美術館・博物館，美術研究機関，関連メディア，及びこれらに関係あるものの連絡・提携のもとに，わが国及び国際間におけるアート・ド

つのステップであった，と考えている。

それは同時に，美術作品を収集・保存・公開（展覧）することを主目的とする美術館が，その目

みずたに　たけし：東京国立近代美術館企画・資料課主任研究官
キーワード：美術館，博物館，図書館，文書館，ネットワーク，徳島県文化の森総合公園，岸田劉生，アート・ドキュメンテーション

図1　1994年11月10日，シンポジウム会場（国立国会図書館新館講堂）で投影されたシンボル・マーク

＜内なるネットワーク＞において存在しているといってよいだろう。

2．「館（やかた）のネットワーク」の実践的試み―徳島県文化の森から

2.1　近代化過程における「綜合の喪失」

図書館，博物館，美術館，文書館，これらは，

図4　2つの MLA 連携①
註12を参照のこと

3－4）[12]。

1.2.2　アート・ドキュメンテーション学会が世に問うた MLA 連携

以上のトライアングルの図をもって，国立国会図書館で1994（平成６）年，東京国立博物館で2009（平成21）年に大規模な MLA 連携に関わるシンポジウムをアート・ドキュメンテーション学会（JADS: Japan Art Documentation Society）は企画開催した（**図５－６**，第５章に既出，図５（p. 92）・図６（p. 94）を参照のこと）[13]。

図５　1994. 11. 19「ミュージアム・ライブラリ・アーカイヴをつなぐもの」
右から：筆者，高階秀爾（国立西洋美術館長）・上田修一（慶應義塾大学教授）・安澤秀一（駿河台大学教授）註13および17を参照のこと

図６　2009. 12. 4「MLA　連携の現状，課題，そして将来」
右から：筆者，長尾真（国立国会図書館長）・佐々木丞平（京都国立博物館長）・高山正也（国立公文書館長）註13および17を参照のこと

1994年においては，MLA 連携は，正直なところ十分な理解と共感が得られたとは言い難いのであるが，2009年においては，状況は大きく変わり，MLA のいずれの世界においても，MLA 連携をともに共有することへの理解と共感が進んでいた。

これは日本のみならず，世界的な潮流であったことは，例えば，同時期にアメリカの OCLC と肩を並べていた RLG（Research Libraries Group）の副代表であるミハルコ氏（James Michalko）が，図４と同じように MLA 連携の二面性から２つのトライアングルを描いていたこと（**図７**，第５章に既出，図４（p. 90）を参照のこと），そしてすでにヨーロッパにおいては Europeana[14] の萌芽的研究が始まっていたことからも容易に分かることなのである。

図７　２つの MLA 連携②
Two kinds of MLA Collaboration from USA by James Michalko, Vice President, RLG/OCLC, 2009. 11. 18

2020（令和２）年の今日においては，MLA 連携とは，ミュージアムとライ

ブラリとアーカイブが，その機能と館種の違いを乗り越えて，文化資源全般にわたる多様性を踏まえての資料と情報の共有を目指すものであることは，いよいよ自明なことになっており，ヨーロッパのEuropeana，アメリカのDPLA[15]，そしていよいよ本年，日本版Europeanaともいうべき国立国会図書館がオペレイトするJapan Search[16]は，MLAの多様な機関が公開するメタデータとデジタルコンテンツ，すでに無数に存在していて，その所在がユーザーには不可視になりつつあるデジタルアーカイブを統合的に検索閲覧することを可能にするシステムとして正式の公開を待つばかりなのである。そして，日本においても，MLAが個々に開発してきたデジタルアーカイブのコンテンツは，その出自に関わらずに，情報要求者であるユーザーに必要な情報とコンテンツへのアクセス可能性を開くということになるであろう。

1.3　MLA連携の関連文献史を展望する

上述のJADSによるシンポジウムは，初回の1990（平成2）年は「ミュージアム・ライブラリ・アーカイヴをつなぐもの」，次回の2009（平成21）年は「これからのMLA連携に向けて」をメイン題目として開催され，開催時，最もこの主題について語り得る識者を招いて，鼎談の形式を取った（図5－6）。後者については，その全貌は，『MLA連携の現状・課題・将来』として2010（平成22）年に公刊されているのであるが，本書に関する書評も，異なる3学会の刊行誌において3者によるレビューを得ている[17]。同年から2011（平成23）年においては，さらに次の3書が，同じくMLA連携に関わる書籍として刊行された（本書第2部第8章第3篇に再録）。

- 日本図書館情報学会研究委員会編『図書館・博物館・文書館の連携』（シリーズ・図書館情報学のフロンティア　No. 10）勉誠出版，2010. 10，186p.
- 石川徹也，根本彰，吉見俊哉編『つながる図書館・博物館・文書館　デジタル化時代の知の基盤づくりへ』東京大学出版会，2011. 5，272，8p.
- 知的資源イニシアティブ編『デジタル文化資源の活用　地域の記憶とアーカイブ』勉誠出版，2011. 7，233p.

あらためて，2010–11年が日本における MLA 連携に関わる議論の沸騰期であった，と言っても良いだろう。

同じく2011年には，筆者はこの３書を並べての書評を『日本図書館情報学会誌』に[18]，〈研究文献レビュー〉として「MLA 連携 ― アート・ドキュメンテーションからのアプローチ」を国立国会図書館の『カレントアウェアネス』に寄稿しており[19]，これらの議論の整理を目的としてさらに，『情報の科学と技術』および『美術フォーラム21』(2017) においても論考を寄せている（いずれも本書第２部に再録）[20]。

1.4　ミュージアムの中のライブラリ＆アーカイブで構想した〈MLA 連携〉から大学の教育現場で提案する新たなリサーチ・メソッドとしての〈MLA 連携〉へ

2018 (平成30) 年３月末日をもって東京国立近代美術館の職を辞して，本学へ異動してからは，従前の MLA 連携から，大学の教育現場で実効性を持つ新たなリサーチ・メソッドとしての MLA 連携を模索し，2018年11月のアート・ドキュメンテーション学会秋季研究集会，2019 (令和元) 年６月の本学文学部 FD ワークショップ，および同年12月の韓国での国際シンポジウムにおいても関連のプレゼンテーションを行った。個々の口頭発表の題目等詳細は，註に回すが[21]，本稿は，これらの発表のまとめであると言える。

2．博物館情報・メディア論および図書館基礎特論における MLA 連携の展開と課題レポート

2.1　学芸員資格課程における博物館情報・メディア論および司書資格課程における図書館基礎特論について

2.1.1　博物館情報・メディア論

従来の「博物館情報論」及び「視聴覚教育メディア論」は現在「博物館情報・メディア論」として学芸員資格課程における必修科目（２単位）となっているが，主な内容としては，「博物館における情報の意義と活用方法及び情報発信

の課題等について理解し，博物館の情報の提供と活用等に関する基礎的能力を養う」ことを趣旨として下記の内容から講義するものである。

1）博物館における情報・メディアの意義
2）博物館情報・メディアの理論
3）博物館における情報発信
4）博物館と知的財産

2.1.2　図書館基礎特論

必要2科目以上の選択科目の1科目として位置づけられ，「必修の各科目で学んだ内容を発展的に学習し，理解を深める観点から，基礎科目に関する領域の課題を選択し，講義や演習を行う」ことを趣旨とする。本学においては，文京キャンパスにおいて3－4年生に向けて開講し，1単位，7回程度の講義と課題レポートおよびその選抜プレゼンテーションの回からなる。

2.2　過去の講義実践

上記の2.1.1「博物館情報・メディア論」においては，主として，「2）博物館情報・メディアの理論」に相当する主題としてMLA連携を取り上げて，受講学生自身がその事例を探すことを目標に，以下の大学における科目と年次において講じてきた。

慶應義塾大学　2010–17年度　博物館情報・メディア論
文学部設置，主として美学美術史専攻学部生受講
東京大学　2015–18年度　図書館・博物館情報メディア論
教育学部設置，教育学部に限らず，多岐の学部にわたり，大学院生も加わって受講
青山学院大学　2018年度より現在に至る　ミュージアム情報・メディア論
総合文化政策学部設置，主として同学部生受講

他に，学習院大学人文科学研究科アーカイブズ学専攻（大学院）の情報資源

論Ⅰでも MLA 連携を取り上げている。

2.3　課題レポート「MLA 連携の事例を探す」を通して探る学部学生の新たな調査研究メソッドとしての MLA 連携

本学での図書館基礎特論（2.1.2）および他大学での講義（2.2）においては，いずれも最終の課題レポートとして，「MLA 連携の事例を探す」を課し，最終講義日に概ね 8 名程度の選抜プレゼンテーションを行ってきた。以下に，2018-19年度の課題発表の題目を記す。

2.3.1　ミュージアム情報・メディア論において — 青山学院大学における実践課題事例（2019年度春学期）

青学2019_1　MLA 連携と作品の再生 — ドラクロワ《ライオン狩り》・モネ《睡蓮・柳の反映》を例に

青学2019_2　The GLAM-Wiki（Galleries, Libraries, Archives, Museums with Wikipedia）

青学2019_3　V&A におけるキャメロン・コレクションを題材として

青学2019_4　浜松市立中央図書館「浜松市文化遺産デジタルアーカイブ」

青学2019_5　MLA 連携の実例 — 上村松園《人生の花》

青学2019_6　モネ《積みわら》より

青学2019_7　文化財修復から見る MLA 連携

青学2019_8　地方の MLA 連携 — みやざきデジタルミュージアムと西都原古墳群を例に

青学2019_9　地方における MLA 連携の事例とその意義 — 秋田県立図書館デジタルアーカイブ

2.3.2　図書館基礎特論において — 本学における実践課題事例（2018-2019年度春学期）

選択 1 単位の本特論は上述の通り，「必修の各科目で学んだ内容を発展的に学習し，理解を深める観点から，基礎科目に関する領域の課題を選択し，講義や演習を行う」ものであり，現在の本務校での担当科目，特に「図書館概論」

(必修)／「図書・図書館史」(選択)の発展内容としてMLA 連携を取り上げて，上記出講校と同様に「MLA 連携の事例を探す」を最終レポートに課して，同様に最終講義回において選抜プレゼンテーションが下記の題目において発表されている。

本学2018_1　MLA 連携“左右非対称ニワトリ剥製”
本学2018_2　ビアトリクス・ポターの MLA 連携事例
本学2018_3　跡見花蹊「八十自寿詩」をめぐる MLA 連携（図8）
本学2018_4　連携において起きた課題をどのように解決させたのか？ ― 福井県文書館，福井県立図書館の連携について
本学2018_5　作品を通した MLA のつながり：鏑木清方「たけくらべ」美登利
本学2018_6　オフィーリアにおける MLA 連携
本学2018_7　雑誌『婦人グラフ』表紙絵に見る MLA 連携
本学2018_8　跡見学園女子大学百人一首コレクションから考える MLA 連携

本学2019_1　書画家番付と跡見花蹊
本学2019_2　重要文化財　義元左文字をめぐって

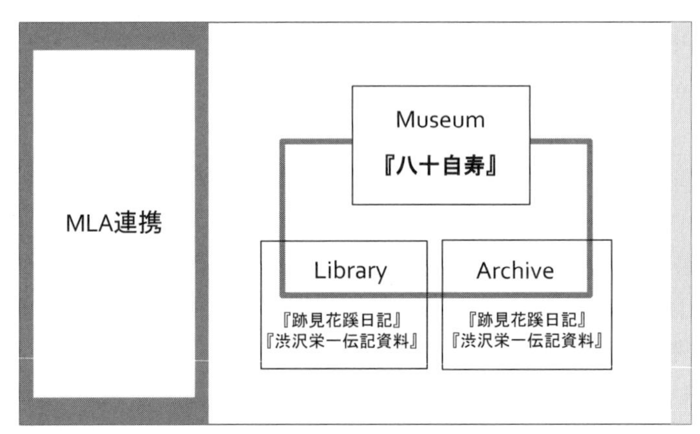

図8　事例　図書館基礎特論（2018）のプレゼンテーション・スライドから

本学2019_3　大隈重信の演説から MLA 連携を探す
本学2019_4　身近から見つける MLA 連携
本学2019_5　竹内栖鳳《観花》・千種掃雲スケッチ《髑髏》をめぐって
本学2019_6　跡見花蹊と皇室　昭憲皇太后
本学2019_7　故画　清花蹊女子冊頁
本学2019_8　跡見花蹊における MLA 連携の諸相

2.3.3　課題レポート「MLA 連携の事例を探す」への反応と意見

この課題レポートの作成について，2018–19年度の本学および青山学院大学での受講生の反応（「難易度」・「有効性」について）を，表 1 に報告し，また自由記述での感想もあわせて表 2－4 に紹介しておきたい[22]。

総じて，課題への取り組みの難易度は高かったという反応が大勢であるが，若干の受講期間途中での放棄学生を除けば，レポート提出には漏れはなく，MLA の連携の発見の途上において様々な事例に遭遇しつつ，最終の〆切日までには，いずれもその探索の過程が報告されている。

表 1　課題「MLA 連携の事例を探す」は？　その「難易度」と「有効性」について

課題「MLA の事例を探す」は？	跡見 2018_春 (31回答)	%		跡見 2019_春 (25回答)	%		青学 2019_春 (21回答)	%	
とても易しかった	0	0		1	4.0		1	4.8	
易しかった	2	6.5		1	4.0		0	0.0	
普通	5	16.1		3	12.0		4	19.0	
難しかった	13	41.9	77.4	11	44.0	80.0	11	52.4	76.2
とても難しかった	11	35.5		9	36.0		5	23.8	
今後のレポート・卒論の作成に	**跡見 2018_春 (31回答)**	**%**		**跡見 2019_春 (25回答)**	**%**		**青学 2019_春 (21回答)**	**%**	
役立たない	3	9.7		2	8.0		0	0	
役立つ	13	41.9	45.2	15	60.0	68.0	14	66.7	81.0
とても役立つ	1	3.2		2	8.0		3	14.3	
どちらとも言えない	14	45.2		6	24.0		4	19.0	

表2　青山学院大学　2019年度春学期　自由記述

- 自分としては今回の課題は結構くわしく調べたかもと思ったが，他の人のプレゼンを見て参考になることがあったし，改善点もたくさんあったので今後のレポートの作成に是非役立てたいと思う。
- アーカイブが論文やレポートを作成する際に重要な役割を果たすことが分かった。アーカイブを見つけ，連携の形を捉えることで論文やレポートのテーマを深めることになると思う。
- 現在のMLA連携は，その成果がまだ内側にばかり還元されているというか，研究成果への反映という面が大部分を占めると思います。それらの連携が，外部へ向けて，つまり一般大衆が享受できるように，どのように活かされていくか考えるべきだと思いました。
- これまで，MLAを単体ずつでしか意識してこなかったけれど，その3つが連携することの大切さを学びました。それによって一度壊れたものはもう二度と元に戻せないという概念はなくなり，貴重なものを次世代へと残していくのに連携は必要不可欠であると感じました。

表3　本学　2018年度春学期　自由記述

- 〈MLA連携〉は作品が出来上がるまでにどのような経緯があったのかについて注目することで，芸術への関心が高まるものだと思いました。
- 一つの絵などだけからは分からないことが，本や他の資料により，より理解を深められ，新たな発見ができることが分かった。
- 作品と本，手紙などそれぞれの機関に所蔵しているものは，一見別々のものと思われがちですが，事例を調べると具体的なつながりや関連性が見えてくるので，対象物を探し出すうえで，効率的で，調査方法に適していると考えます。
- 〈MLA連携〉の事例を探すという体験自体がとても楽しかった。

表4　本学　2019年度春学期　自由記述

- 研究する際に“裏づけ”＝証拠となるようなものがあれば，その研究は信憑性が増すことでしょうし，そこから違った見方ができてさらに発見することができるのではないだろうかと思うのです。
- MLA連携を用いることでその事例の見解がさらに深まると思いました。1つのテーマについて考察するときその背景を知るのに役立つと考えました。また，関連しているものを見つけることで新たな情報を発見することができる可能性があると思います。
- LとAの違いが少し分かりづらくて，最初説明を聞いた時は，集める資料のイメージがつきにくかった。
- MLA連携というのは，もともとなくって自分が身近のものから探し，作り上げていくことができると思いました。今後は視野を広げていくことで，いろいろな連携が見つかりそうです。

2.4　跡見花蹊に関わる MLA 連携の発見の試み

本学の学祖である跡見花蹊の作品や関連資料を保管する花蹊記念資料館は，花蹊のミュージアムであり，アーカイブであると見ることができる。花蹊に関する刊本ならびに関連諸作を有する大学図書館と連携することをもって，大学内にある MLA の連携を探す，すなわち大学の中の〈内なる〉連携（トライアングル），ミハルコ流に言うならば「同一の屋根の下（under the same roof)」の MLA のトライアングル（図 7 ）の探索可能性を模索する課題を司書資格課程の科目，特に選択科目であり，講義展開に自由度を持ちうる図書館基礎特論にビルト・インすることによって，当該科目を，MLA 連携による学部学生の新たなリサーチ・メソッドの開発に展開する試みとして位置づけてきた。

その一例として，跡見花蹊の肖像画を描いた，岸田劉生よりも先に日本近代洋画の先達として多くの業績を残した黒田清輝と花蹊との関わりの中に MLA 連携を見出し，この肖像画を巡って，本学の『跡見花蹊日記』が PDF で公開されているデジタルコンテンツ[23]，および黒田自身が創立した美術研究所の後身である東京文化財研究所の黒田清輝日記のデジタルコンテンツ[24]を，つまり M（《跡見花蹊像》）・L（刊本の『跡見花蹊日記』『黒田清輝日記』）・A（二人の日記の全文テキスト）を連携させることによって，その肖像画の描かれた契機や当時の二人の取り巻く環境や思いを汲み取ることが可能であることを，筆者から参考事例・サンプルの一つとして提示して，その他の関係諸論考ともあわせて補強しつつ，受講学生による「MLA 連携の事例を探す」課題への取組みへと誘導している（図 9 ）。

この課題自体は，上述の通り，本学に異動する以前から，慶應義塾大学や東京大学などでの筆者の講義の受講生に課してきたものであり，いずれのクラスでも，初めは手強い課題のように受け取られはするが，学期末には，ほとんど全ての学生が何らかの「MLA 連携の事例」を見つけてくるものであることは，確信されていた。

2019 (平成31) 年度は本学における初年度の経験を踏まえ，より本学内での MLA 連携の可能性を，花蹊資料について折にふれて，図書館基礎特論の講義に織り込むことによって，上記「2. 3. 2　図書館基礎特論において ― 本学にお

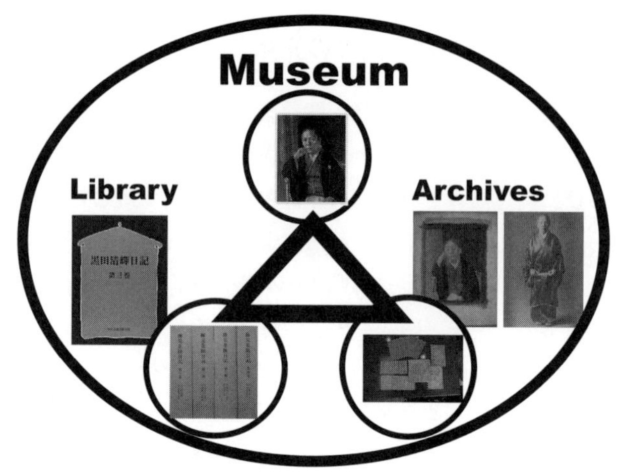

図9　事例《花蹊肖像》をめぐるMLA連携のトライアングル・イメージ

ける実践課題事例（2018–2019年度春学期）」の通り，花蹊をめぐるMLA連携の事例探索とその報告が，目に見えて増えていったのである。

3．MLA連携の拡張
—一般・敷衍化としてのSLA連携への展開の試み

MLA連携の事例の探索から新しい知見を発見することは，研究者の道に入った大学院生から以後の研究者にとっては，メソッドなどという意識すらも醸さないほどに一般的な手法であり，手続きなのだと思われる。

けれども，初学者の手前である大学学部の3－4年次生には，そもそもMLAの体験，とりわけアーカイブを実見し，触る機会のなかったこと，これはMとLに比してAにおける資料公開の未成熟と貧弱さが現実において顕著にあるのだが，それ故のアクセスの困難さを乗り越えて，課題遂行するプロセスの様子を見るについて，やはり新たなリサーチ・メソッドとしてのMLA連携の可能性のあることは，2010（平成22）年以来の諸講義での体験から感得されてきた（図10）。

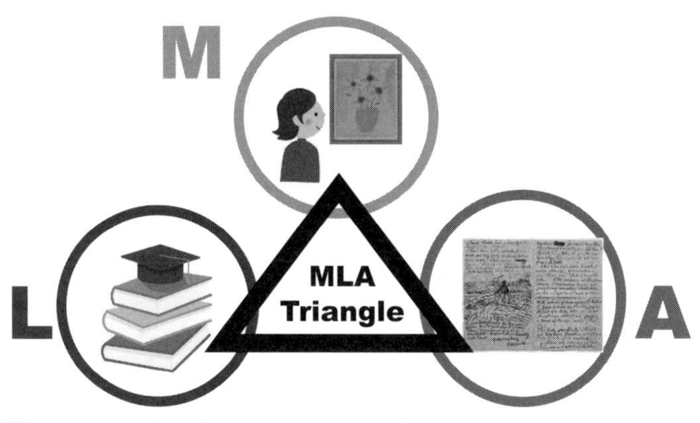

図10　MLA のトライアングル・イメージ
MLA 連携の原理的図式として

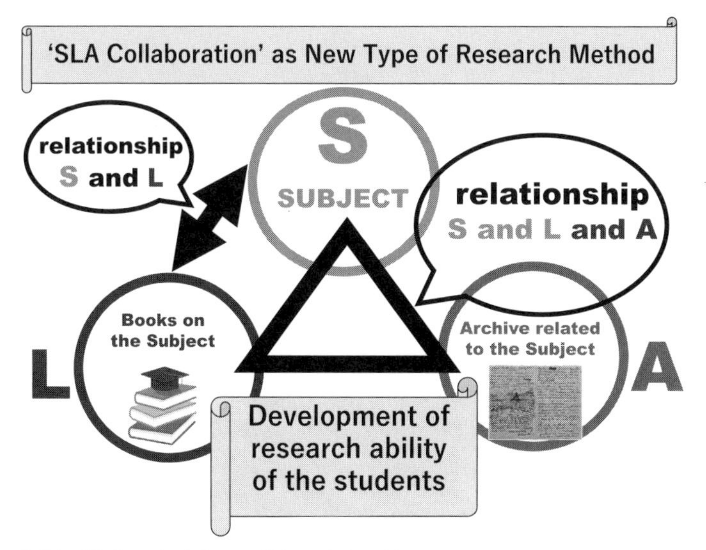

図11　SLA のトライアングル・イメージ
S–L の二項関係から S–L–A の三項関係への展開を促す

そして更に言えば，連携模様の理解の初手としてMを用いつつも，探求の対象の始まりとしての主題（サブジェクト）そのものに一般・敷衍化すること，つまりMuseumからより拡張して，探求の対象としての「主題」，すなわち「S: Subject」そのものとL: Library, A: Archiveとの連携，すなわち，SLA連携という，探求主題とライブラリとアーカイブのトライアングルへと拡張することの可能性と意義を，以後，より精緻化して提案できることを目指している（図11）。

4．おわりに ― 跡見花蹊諸関連資料におけるMLA連携の可視化に向けたシステム構築への展望

上述の通り，MLA連携からSLA連携への一般・敷衍化への展望を持つに至っているのであるが，しかしながら，講義の受講に引き続く課題遂行の過程にあって，多くの学生が抱えていたA: Archiveへのアクセスの困難，さらに言えばそもそものその存在の発見の手がかりにおいて立ち現れる障壁等は，なお依然当分の間，続くことであろう。

MLAの連携の要には1988年にレムケ教授が指摘していたように〔アート・〕アーカイブがあることは，あらためて重要である。

M–L，あるいはS–Lの二項関係から〔のみ〕では，MおよびSに関わる先行・既述の文献著作をなぞるばかりで終えてしまう〔可能性が高い〕。

M–L，あるいはS–Lに加えての第三の項としてAを，この2つの項に架橋することによって，結果，それが極くわずかの，いささかのものであったとしても新知見を生み出す可能性を孕むだろうことを考え，また期待している。

本稿の目指すところは，「MLA連携〔論〕は学部学生の新たな調査研究メソッドになるだろうか？」の肯定的提示を第一義としているが，「MLA連携論を素地とする調査研究メソッドの可能性の検証と開発及び跡見花蹊史資料のMLA連携横断のための試行的システムに向けた予備的調査」を題目として，2019（平成31）年度に跡見学園女子大学の特別研究助成費の交付を受けての研究課題の成果の一部である。

上述において繰り返して指摘する「A: Archiveへのアクセスの困難」の極くささやかな解消のための一端として，さらに，「MLA連携論を素地とする

大学史アーカイブ・モデル構築の試行的研究 ― 跡見花蹊コンテンツの「見える化」を志向して ― その１　個別花蹊コンテンツとアーカイブ資料に在る全文テキストの連携モデルを中心に」を展開するという研究計画の次なる題目を示して，本稿を終えることにしたい。

付記

本稿は，2019年度の跡見学園女子大学特別研究助成費の交付を受けた研究課題の成果の一部である。

註

1：無記名「MLA 連携」日本図書館情報学会用語辞典編集委員会編，丸善出版，2013, p. 20.

2：IFLA: International Federation of Library Associations and Institutions，国際図書館連盟。当該報告書の翻訳：アレクサンドラ・ヤロウ，バーバラ・クラブ，ジェニファー　リン・ドレイパー著，垣口弥生子，川崎良孝訳『公立図書館・文書館・博物館：協同と協力の動向』（KSP シリーズ７），京都大学図書館情報学研究会，2008，68p.
http://www.educ.kyoto-u.ac.jp/~lib-sci/pdf/IFLA-Profrep108-Jp.pdf［参照2020-1-6］
http://www.ifla.org/VII/s8/pub/Profrep108-jp.pdf ［参照2020-1-6］
以下，特に記さない場合の URL の参照日は2020年１月６日である。

3：OCLC: Online Computer Library Center，世界最大の書誌ユーティリティであり，WorldCat, https://www.worldcat.org の運営体。
Zorich, Diane, Gunter Waibel and Ricky Erway. *Beyond the Silos of the LAMs: Collaboration Among Libraries, Archives and Museums.* Report produced by OCLC Programs and Research, 2008.
http://www.oclc.org/programs/publications/reports/2008-05.pdf

4：「博物館情報学シリーズ」は樹村房による全８巻（予定），既巻５巻。水嶋，該当書，p. 11，13.

5：http://www.jsas.info/

6：http://digitalarchivejapan.org/

7：https://savemlak.jp/

8：Lemke, A. B. Art archives: a common concern of archivists,librarians and Museum Professionals, *Art Libraries Journal*, 1989, 14(2), p. 5-11.

9：『アート・ドキュメンテーション研究』1995，４および『情報管理』1996，39(2)に全文掲載。

10：水谷「アメリカにおける美術図書館の現状と課題 ― その歴史・組織・戦略」『現代の図書館』1990，28(4)，p. 205-215.

11：1996年に展覧会「岸田劉生　所蔵作品と資料の展示」を開き，その目録は，『東京国立近代美術館所蔵作品目録　岸田劉生作品と資料：*Catalogue of Collections, The National Museum of Modern Art, Tokyo: Ryusei Kishida Works and Archives*』という英語タイトルを持った。これは日本で *Archives* という語を持ったミュージアムの所蔵作品目録の嚆矢である。

12：水谷「美術資料をめぐる〈外なる／内なる〉ネットワークを考える」『現代の図書館』1996，34(3)，p. 151–154.

13：1994，2009における MLA 連携のシンポジウムは鼎談の形式で進行，司会筆者。両シンポジウムの記録については，註17に詳述。

14：https://www.europeana.eu/portal/en

15：https://dp.la/

16：https://jpsearch.go.jp/

17：1994シンポジウムの記録：
『美術情報と図書館　報告書』アート・ドキュメンテーション研究会，1995，188p. 鼎談会記録「ミュージアム・ライブラリ・アーカイヴをつなぐもの－アート・ドキュメンテーションからの模索と展望」p. 90–121.
2009シンポジウムの記録：
水谷編『MLA 連携の現状・課題・将来』勉誠出版，2010，296p. 鼎談会記録「記念鼎談 ― これからの MLA 連携に向けて」p. 1–37.
『MLA 連携の現状・課題・将来』を扱った書評掲載誌：
1］岡野裕行（皇學館大学）「書評」『図書館界』2011，63(1)，p. 40–41.
2］古賀崇（天理大学）「書評」『日本図書館情報学会誌』2011，57(1)，p. 35–36.
3］寺澤正直(国立公文書館)「書評」『レコード・マネジメント』2011，59，p. 44–46.

18：水谷「書評」『日本図書館情報学会誌』2011，57(4)，p. 163–165.

19：水谷〈研究文献レビュー〉「MLA 連携 ― アート・ドキュメンテーションからのアプローチ」『カレントアウェアネス』2011，308，CA1749，p. 20–26.
https://current.ndl.go.jp/ca1749

20：水谷「MLA 連携のフィロソフィー：“連続と侵犯” という」『情報の科学と技術』2011，61(6)，p. 216–221.
水谷「極私的 MLA 連携論変遷史試稿」『美術フォーラム』醍醐書房，2017，35，p. 127–134.

21：水谷「MLA 連携は学部学生の新たな調査研究手法になるだろうか？」アート・ドキュメンテーション学会／2018年度第11回秋季研究集会（2018年10月13日　於お茶の水女子大学共通講義棟1号館）
水谷「大学ブランディング力と学部学生の調査研究力の向上は両立するだろうか？！ ― 花蹊コンテンツの「見える」化の可能性をめぐって」本学文学部 FD–WS (2019年6月19日　新座キャンパス2号館)
Mizutani. From ‘MLA Collaboration’ proposed by the Library & Archives of the National Museum of Modern Art, Tokyo to ‘MLA Collaboration’ as the New Type of the Research Method for Education in University, 2019. 12. 05, Lee Ungno Museum, Daejeon, Korea, International Symposium: Museum・Human・

Future.
「大学の教育現場で提案する新たなリサーチ・メソッドとしての〈MLA 連携〉」に関わって，これまで振り返られることはほぼ皆無であったのだが，先行事例として次の文献を挙げておきたい。この編著者は当時，武蔵野美術大学美術資料図書館の事務長を勤められていた。
大久保逸雄編著『私のアート・ドキュメンテーション：東洋大学　社会学部　応用社会学科　図書館学専攻　図書館学特講 V–②　91年度レポート集』東洋大学図書館学研究室，1992. 6，163p.

22：自由記述を含め，アンケート用紙には下記の文言を紙末に添えている。
「以上の回答は，今後の講師の授業改善および研究成果の公表に活用させていただきます。個人を特定できる情報の掲載は，いずれにおいても控えますので，ご自由にお書きください。もちろん履修科目の成績に反映されることもありません。念のため。」

23：http://www.atomi.ac.jp/univ/kakei/

24：https://www.tobunken.go.jp/materials/kuroda_diary

掲載図版

1　アート・アーカイブの理念との遭遇
註 9 を参照のこと

2　アート・アーカイブの実体との遭遇
Jan. to Feb. 1990, US government invited the author to US art libraries, 26 Feb., 1990, MoMA, NY, Library & Archives Director, Clive Phillpot & Picasso's illustrated letter to the 1st Director of the museum
第 5 章に既出，図 1 （p. 88）を参照のこと

3　MLA 連携のトライアングル・イメージ
M：岸田劉生画《麗子五歳之像》／L：岸田麗子著『父　岸田劉生』1962（初版）／A：写真《麗子五歳》

4　2 つの MLA 連携①
註12を参照のこと

5　1994. 11. 19「ミュージアム・ライブラリ・アーカイヴをつなぐもの」
右から：筆者，高階秀爾（国立西洋美術館長）・上田修一（慶應義塾大学教授）・安澤秀一（駿河台大学教授）
註13および17を参照のこと
第 5 章に既出，図 5 （p. 92）を参照のこと

6　2009. 12. 4「MLA　連携の現状，課題，そして将来」
右から：筆者，長尾真（国立国会図書館長）・佐々木丞平（京都国立博物館長）・高山正也（国立公文書館長）
註13および17を参照のこと
第 5 章に既出，図 6 （p. 94）を参照のこと

7　2つのMLA連携②
Two kinds of MLA Collaboration from USA by James Michalko, Vice President, RLG/OCLC, 2009. 11. 18
第5章に既出，図4（p. 90）を参照のこと
8　事例　図書館基礎特論（2018）のプレゼンテーション・スライドから
9　事例　《花蹊肖像》をめぐるMLA連携のトライアングル・イメージ
10　MLAのトライアングル・イメージ
MLA連携の原理的図式として
11　SLAのトライアングル・イメージ
S-Lの二項関係からS-L-Aの三項関係への展開を促す

第3部に関連するその他の著者著作情報

1996 「訳者あとがき「アート・アーカイヴズ〈全訳〉」」
再録『情報管理』（日本科学技術情報センター）39(2)，p. 122–123. 本文は中村節子氏との共訳による

2010 「AAMLは (manuscript + ephemera) archives: Today's Ephemera, Tomorrow's Historical Documentation」
予稿集『ART ARCHIVES-ONE「継承と活用：アート・アーカイヴの『ある』ところ」』（東京パブリッシングハウス）p. 11–13.

2010 「専門図書館におけるアーカイブズ学の流入と展開 — 専門図書館協議会での言説を中心に」
『アーカイブズ学研究』（アーカイブズ学会）13，p. 54–59.

2011 「コメント1　デジタルアーカイブとMLA連携 — 原理の整理の試みとして，あるいは「情報学は雄カマキリである」を想起して」
『アーカイブズ学研究』15，p. 38–45.

2016 「［情報資料］AAAコレクションの多様性・高エビデンス性とアクセス可能性をめぐって：公開講演会「〔ワシントン・スミソニアン機構〕アーカイブズ・オブ・アメリカンアート（AAA）のすべて」報告」
『現代の眼』（東京国立近代美術館）620，p. 14–16.

以下は，筆者本務校の学祖たる跡見花蹊アーカイブの構築から学内MLAの連携を志向した試行的プロトタイプの開発に関する報告である。跡見学園女子大学機関リポジトリに掲載。

2022 「MLA連携〔論〕を素地とする建学者アーカイブの構築の意義と展望 — 『跡見花蹊日記』のフルテキスト・データベースの構築とユニーク語彙の出現に係る検証の試みを中心に」
『跡見学園女子大学文学部紀要』57，p. 77–107.
https://atomi.repo.nii.ac.jp/?action=repository_uri&item_id=4022&file_i

d=21&file_no=1

2023「MLA 連携〔論〕を素地とする建学者アーカイブの構築の意義と展望（承前）— 花蹊記念資料館（M）収蔵資料総合目録データベースおよび大学図書館（L）蔵書 OPAC と花蹊日記全文テキスト（A）の三者連携システムの構築の実装化へ向けた試行的研究から」
『跡見学園女子大学文学部紀要』58，p. 96-107.
https://atomi.repo.nii.ac.jp/?action=repository_uri&item_id=4257&file_id=21&file_no=1

上記はいずれも跡見学園女子大学特別研究助成費の交付を受けた研究課題の成果の一部である。

あとがき

博物館や美術館の中の公開の図書室。1985（昭和60）年，筆者が東京・竹橋の近代美術館に勤務を始めたとき，上野に２つ，東京国立博物館の資料館と東京都美術館の美術図書室だけがあった。そして横浜美術館が丹下健三の設計で開館した時，1989（平成元）年，その建築の向かって左手の一翼が堂々とした美術図書室として姿を見せて，その空間に足を踏み入れた一瞬のことはいまもなお忘れられない。

竹橋の自らの美術館には図書室は無かった。資料はあった。棚も何とか……，の状況にあって，知己を得ていた当時東京アメリカン・センターのライブラリアンであったＫ女史の推輓で，米国文化情報局（USIA: United States Information Agency）のインターナショナル・ビジター・プログラム（IVP: International Visitor Program）へ参加する機会を得たのが，1990（平成２）年の１月からの約２カ月。

ニューヨーク，ワシントンD. C.，ボストン，フィラデルフィアから北米の真ん中のメンフィスを経由して，LAまで，事前に調べられるだけの美術館図書室はほぼすべて見て回った。その時もIFLA東京大会（1986）で築かれていた人的ネットワークと北米美術図書館協会（ARLIS/NA）のバックアップが大きかった。

すでにボストン美術館の美術図書室のN. アレン女史からは，'Linking art objects and art information' と銘打って特集した1988年の *Library Trends* が贈られていたから，NYでは，'At the confluence of three traditions: architectural drawings at the Avery Library［of Columbia University］' の著者であるA. ヒラル女史を訪ねた。

本書のジャケット袖にある写真はその時のもので，後日，コロンビア大学の学内報の一面に載った。わたしもまだ30代の前半だった。

MLA連携のイメージの源泉には，IFLAシドニー大会でのレムケ先生の基調講演（1988），Avery Libraryのこの文献と実地の見聞（1990），そして岸田劉生アーカイブ（1993）があった。

本書はこのような過程で出会った多くの人たちとの議論とさまざまな連絡や資料との遭遇によって，その時々，多くは求めに応じて書き続けた，論考とは言い難いような文章を3部に構成して，主たる篇には章を，コラムよりは長いが章には満たない短文は補論として，再録したものである。

初出の執筆のその時々のタイミングでの執筆に向けた熱量をそのままに残すことを優先し，本書においては微細な語句表記の修正に留めて，加筆等は敢えて行わなかった。

MLAの定義，図版あるいは由来など，諸篇で重複のあること，用語，記述に揺れのある点など，通読にふさわしくないところが多々あるのは，これらすべては著者の責に由来しており，お詫びしたい。

初出時の時々にお世話になった編集をご担当された方々にあらためてお礼申し上げたい。また，1990年，『現代の図書館』に掲載の「アメリカにおける美術図書館の現状と課題 ― その歴史・組織・戦略」おいて，写真の掲載を快諾された当時MoMAのライブラリ・ディレクターであったC. フィルポット氏，同氏とは1986（昭和61）年のIFLA東京大会でお会いして以来，1990年にUSIA-IVPの旅路においてはNYで，また2000年の在外研修では，すでに故国英国に帰られていたのでロンドンで再々会の機会を得るとともに，第1章のミュージアム・ライブラリの核となる「部分と全体」「分担と集中」にかかわる原理を示唆してくださった。

もうお一人，MLA連携を明解に示すスライドの利用を快諾くださった，当時，RLG（Research Libraries Group, Inc.）を本務とされていたJ. ミハルコ氏にお礼申し上げたい。MLA連携のアイディアがほぼ同時に日米で誕生し，ライブラリからライブラリを越えて，ミュージアムとアーカイブを巻き込んで連携が展開することに強く確信を持たせてくださった。

また，1989年のアート・ドキュメンテーション研究会の創設以来，多くの会員と都度都度の開催企画に足を運んでくださった方々からの示唆やご意見なくしては，本書収録の諸篇も世に出ることはなく，あらためてお礼申し上げたい。

手許に残したつもりが見つからなかったジャケット袖の写真掲載の記事を発掘してくださったグッド長橋広行さん，Japanese and Korean Studies Librarian, University of Pittsburghと坂井千晶さん，Japanese Studies Librarian, C.

V. Starr East Asian Library, Columbia University にはこの場をお借りしてお礼申し上げたい。コロンビア大学のアーカイブ力に感嘆の念を禁じ得なかった。

煩瑣な編集と校正に労を惜しまれなかった樹村房の安田愛さん，出版の機会を与えてくださった大塚栄一社長に感謝申し上げます。

2025年 1 月31日

水谷長志

本書の出版は，跡見学園女子大学学術図書出版助成による。

索引

さ行

た行

ま行

や行

ら行

わ行

索引

［著者紹介］

水谷 長志（みずたに・たけし）

1957年生まれ。跡見学園女子大学文学部教授（司書課程）。
1980年金沢大学法文学部，1985年図書館情報大学図書館情報学部卒，同年4月東京国立近代美術館企画・資料課資料係文部技官研究職として入職，以後，2018年3月末日迄同館企画課情報資料室長，独立行政法人国立美術館本部事務局情報企画室長などを務めて，2018年4月から現職，現在に至る。
単著 『図書館文化史』図書館情報学の基礎・11（勉誠出版，2003）
編著 『MLA連携の現状・課題・将来』（勉誠出版，2010）
『日本美術の資料に関わる情報発信力の向上のための提言Ⅰ・Ⅱ・Ⅲ』（JALプロジェクト実行委員会，2015-2017）
『ミュージアム・ライブラリとミュージアム・アーカイブズ』博物館情報学シリーズ・8（樹村房，2023）

ミュージアムの中のライブラリで
アーカイブについても考えた
体験的MLA連携論のための点綴録

2025年3月12日　初版第1刷発行

検印廃止

著者　水谷長志
発行者　大塚栄一

発行所　株式会社 樹村房
〒112-0002
東京都文京区小石川5丁目11-7
電話 03-3868-7321
FAX 03-6801-5202
振替 00190-3-93169
https://www.jusonbo.co.jp/

組版・印刷／亜細亜印刷株式会社
製本／株式会社渋谷文泉閣

ISBN978-4-88367-403-9　乱丁・落丁本は小社にてお取り替えいたします。